THE CAMELOT MURDERS – LA CRUCIFIXIÓN DE MARY JO

POR ROBERT J. ANTONELLIS

(LIBRO I)

Copyright © 2024 Robert J. Antonellis
Publicado por Spirit of America - Rising LLC
979-8-9920507-8-3 (para eBook)

Todos los derechos reservados. Ninguna parte de esta publicación podrá ser reproducida, distribuida o transmitida de ninguna forma ni por ningún medio, incluyendo fotocopia, grabación u otros métodos electrónicos o mecánicos, sin el permiso previo por escrito del editor.

Para solicitudes de permiso relacionadas con fotocopia, grabación, almacenamiento o sistemas de recuperación, por favor dirija todas las consultas por escrito al autor.

Esta publicación representa los puntos de vista e interpretaciones del autor y tiene como objetivo informar, involucrar y provocar reflexión sobre los temas tratados.

DEDICATORIA

A aquellos cuyas vidas fueron truncadas por una mano malvada e invisible:

John F. Kennedy, Sr., **Robert F. Kennedy, Sr.**, **Martin Luther King, Jr.**, y otros—sus historias fueron tejidas en el tejido de una nación, solo para ser destrozadas por fuerzas que buscaron extinguir su luz.

A las víctimas de la manipulación y la conspiración, ocultas bajo capas de simbolismo oculto, intriga política y narrativas falsas, desde el Grassy Knoll en Dallas hasta el *Lorraine Hotel* en Memphis, hasta el *Dike Bridge* en *Chappaquiddick*. Sus verdades, una vez enterradas, pronto brillarán para que todos las presencien.

A aquellos que se niegan a aceptar las mentiras guionizadas, decididos a descubrir las conexiones oscuras entre el final de la Era Dorada de *Camelot*, el simbolismo demoníaco e islámico en todo *Washington D.C.*, y las fuerzas que implacablemente y sin piedad dividen y conquistan nuestra gran nación.

Este libro es para ustedes—para aquellos que creen en reabrir los casos más fríos de todos, que entienden que no hay plazo de prescripción para el asesinato, y que exigen justicia para los perdidos.

Que la verdad sea desenterrada, que se haga justicia, y que honremos a aquellos que fueron sacrificados en el altar del secreto y la ambición.

AGRADECIMIENTOS

Este libro es el producto de mi propia búsqueda inquebrantable de la verdad. Siempre he creído en pensar por mí mismo y nunca permitir que la televisión o las narrativas populares dicten mi comprensión del mundo. Mi padre, bromeando sobre el impacto de la televisión en la mente pensante, se refería a ella como la Caja de los Idiotas y el Tubo Tonto, enseñándome desde joven a cuestionar todo lo que oía y veía. El hecho de que una historia sea ampliamente aceptada no la convierte en cierta—de hecho, cuanto más grandiosa es la falsedad, más fuerte es su caída una vez expuesta.

Mi investigación abarca años de seguir eventos actuales, descubriendo contradicciones en las palabras y acciones de los jugadores políticos, y luego respondiendo nuevas preguntas al profundizar más, ampliando mi investigación. Aunque el trabajo ha sido en gran parte mío, estoy agradecido por la ayuda y el apoyo de familiares, amigos y asociados que, como yo, albergan una profunda desconfianza en la teatralidad de los que están en el poder y las "coincidencias" que aparentemente se alinean para allanar el camino a la agenda progresista.

Las amenazas y los intentos contra la vida del presidente Trump solo han alimentado mi determinación de luchar, particularmente cuando la respuesta del gobierno es la misma que siempre ha sido—envuelta en oscuridad, trabajando en contra de la voluntad del pueblo. Este libro, *The Camelot Murders*, es una parte crítica de mi esfuerzo por exponer la verdad. El negocio pendiente de América del siglo XX debe ser confrontado. Solo arrastrando al gobierno en la sombra hacia la luz y reemplazándolo, podremos restaurar nuestro sistema de justicia de una sola capa y salvar nuestra gran nación para siempre.

BIOGRAFÍA DEL AUTOR

Robert J. Antonellis es un autor, ingeniero e investigador, conocido por su incansable búsqueda para resolver misterios complejos. Su trabajo combina su experiencia técnica con una pasión por descubrir las verdades ocultas detrás de eventos históricos e intrigas políticas. Criado en una familia de demócratas de Reagan, profundamente afectados por los asesinatos de JFK, RFK y los asesinatos de Tate-LaBianca por Charles Manson, Robert creció cuestionando las narrativas oficiales y buscando verdades más profundas. Su carrera en ingeniería ha estado marcada por la creación de soluciones simples y efectivas a problemas complejos, habilidades que ahora aplica a su investigación sobre intrigas políticas, encubrimientos históricos y patrones ocultos.

En su trabajo, Robert explora cómo la unidad nacional ha sido atacada por el Estado Profundo, una agenda destinada a dividir y debilitar al país. En el Capítulo 1, "Unidad Nacional en la Mira," descubre cómo fuerzas oscuras han manipulado eventos políticos, desde asesinatos hasta crisis fabricadas, para desestabilizar los cimientos de la nación. Robert se siente particularmente intrigado por las pistas que parecen estar escenificadas, lo que lo impulsa a profundizar en los eventos orquestados que fracturan el país y su unidad.

A través de su último trabajo, *The Camelot Murders* - Y LA CRUCIFIXIÓN DE MARY JO, Robert está dedicado a restaurar la unidad nacional asegurando que el Estado Profundo sea castigado constitucionalmente y removido de sus posiciones de poder. También espera que este libro sirva como punto de partida para una conversación más amplia con el pueblo estadounidense.

TABLE OF CONTENTS

LA UNIDAD NACIONAL EN LA MIRA 7

EL PODER DE LOS DOS 12

PADRE, HIJO Y EL LANZAMIENTO LUNAR DE 1969 18

EL SACRIFICIO DE MARY JO KOPECHNE 24

EL "SIEG HEIL" DE 21 DISPAROS DE MANSON HACIA EL ASESINATO 42

¿NASA ESTABA REFLEJANDO A MANSON? 47

JFK, EL PARABRISAS Y LA LOMA CUBIERTA DE CÉSPED 51

AMELOT PERDIDO: EL TRÁGICO FINAL DE JFK JR. 54

¡MARILYN MONROE – ASESINADA! 57

¿LA CRUCIFIXIÓN DE MARY JO? 63

CAPÍTULO 1

LA UNIDAD NACIONAL EN LA MIRA

La edad dorada de Camelot fue una época de gran optimismo y unidad nacional en los Estados Unidos, que comenzó con la elección presidencial de 1960, cuando los Kennedy ingresaron a la Casa Blanca. La nación se enamoró de la Primera Familia: John F. Kennedy, un senador popular de Massachusetts y héroe de guerra, y su elegante esposa, Jacqueline Bouvier Kennedy. Incluso su hijo menor, cariñosamente llamado "Pequeño John John" (John F. Kennedy, Jr.), nacido apenas dos semanas después de la victoria electoral de Kennedy sobre Richard Nixon, capturó el corazón del público.

En ese momento, nadie sabía, ni podía haber sabido, que ya se estaban trazando oscuros planes contra los Kennedy. Este libro es el primero en revelar los mismos patrones siniestros que rodean las muertes de Marilyn Monroe (nacida Norma Jeane Baker), John F. Kennedy Sr., Martin Luther King Jr., Robert F. Kennedy Sr., Joan Marie "Joanie" Dymond, Mary Jo Kopechne y John F. Kennedy Jr.

♦ **¿Está de acuerdo conmigo en que cada nombre mencionado fue una figura querida?**

Probablemente reconozca los nombres en esta lista, con una posible excepción: Joan Marie "Joanie" Dymond. Era una niña de 14 años que fue secuestrada el 25 de junio de 1969 en Wilkes-Barre, Pensilvania, el lugar de nacimiento de Mary Jo Kopechne. El cráneo de Joan Marie fue encontrado el 17 de noviembre de 1969 en el condado de Luzerne, Pensilvania, lo que llevó a la Policía Estatal de

Pensilvania a abrir una investigación criminal sobre su secuestro y asesinato. La fecha de su secuestro, solo 21 días antes del lanzamiento lunar de 1969, se analiza en un capítulo posterior.

Trágicamente, el optimismo que Camelot inspiró en los estadounidenses se hizo añicos el 22 de noviembre de 1963, cuando JFK fue asesinado en Dallas. La película de Zapruder, que capturó el impactante momento del tiroteo, se convirtió en el clip más visto de la historia. Alimentó debates y teorías de conspiración continuas mientras muchos buscaban la verdad detrás del asesinato y quién fue realmente responsable.

Mientras tanto, las acciones del gobierno parecían generar más confusión entre el público.

◆ **¿Existía un resentimiento profundo hacia los Kennedy dentro de nuestro gobierno? ¿Se extendió esta animosidad también hacia el pequeño John John?**

La Comisión Warren promovió la Teoría de la Bala Única, también conocida como la "Teoría de la Bala Mágica," que afirmaba que una sola bala impactó a JFK por detrás, salió de su cuerpo e hirió al gobernador de Texas, John Connally. Muchos consideraron absurda esta teoría, especialmente en una América más familiarizada con las armas.

El término "teoría de la conspiración" surgió en este momento como parte de una operación psicológica (PsyOp) diseñada para ridiculizar a quienes cuestionaban la Teoría de la Bala Única y las conclusiones de la Comisión Warren. Algunos testigos afirmaron haber visto pistoleros en la colina Grassy Knoll e incluso escuchar disparos provenientes de allí, pero el temor a ser etiquetados como "teóricos de la conspiración" eventualmente silenció muchas de estas declaraciones.

◆ **¿Sabe por qué la Comisión Warren estaba tan decidida a descartar la idea de un tirador en la Grassy Knoll? Si se probara** su veracidad, habría demostrado que Lee Harvey Oswald no actuó solo, o quizás ni siquiera fue un tirador.

Oswald no tenía residuos de pólvora en sus manos, por lo que no había pruebas de que disparara un arma. La evidencia de múltiples tiradores en Dealey Plaza habría expuesto el asesinato como parte de una operación gubernamental encubierta mucho más grande, lo que podría haber despertado al público: el llamado "Gigante Dormido."

Presento nuevas respuestas a preguntas que nunca se habían planteado antes. Por ejemplo, me sorprendió saber sobre el agujero de bala en el parabrisas de la limusina Lincoln de Kennedy y que tuvo que ser reemplazado. George Whitaker Sr., un gerente sénior en la planta Ford Rouge en Detroit, recibió la orden de reemplazar el parabrisas único utilizando el original dañado como modelo. A pesar de esto, ni Whitaker ni nadie más que presenció el agujero de bala en el parabrisas fue llamado a testificar ante la Comisión Warren. Esta última desestimó las afirmaciones sobre la Grassy Knoll como simples "teorías de conspiración."

También descubrí otro ejemplo de conspiración gubernamental en el asesinato de Martin Luther King Jr., quien fue asesinado en Memphis, Tennessee, el 4 de abril de 1968. El juez Joe Brown, quien manejó los últimos años de la prisión de James Earl Ray, reveló en una entrevista que habría liberado a Ray si tanto él como su abogado no hubieran muerto. El juez Brown insistió en que Ray era inocente y no podía haber disparado contra King. También reveló que la policía de Memphis informó al FBI que Ray ni siquiera estaba en Memphis cuando King fue asesinado.

◆ **¿Cómo se siente al saber que le han mentido, que pruebas cruciales como esta han permanecido ocultas durante décadas? ¿O que un hombre inocente murió en una prisión estadounidense?**

El juez Brown también señaló que la bala encontrada en el cuerpo de King era de un calibre diferente al del disparo de la carabina Remington Gamemaster de Ray. En cambio, coincidía con un rifle de francotirador que el FBI había tomado prestado del Departamento de Defensa en el momento del asesinato de King. Por lo tanto, el juez Brown apuntó al FBI como responsable del asesinato de King.

Al igual que el agujero de bala en el parabrisas de JFK fue encubierto, esta evidencia crítica también fue ocultada tanto por el gobierno como por una prensa cómplice.

En este libro, también descubrirá una nueva perspectiva sobre la muerte de Mary Jo Kopechne en Chappaquiddick. Llegará a comprender que fue víctima de un sacrificio oculto planificado desde hace mucho tiempo al comienzo de la era espacial, sacrificada el 18 de julio de 1969, dos días después del lanzamiento lunar y dos días antes del alunizaje. Fue una de tres mujeres llamadas "Mary" que fueron sacrificadas, representando a la "Virgen María." También exploraré la conexión entre Chappaquiddick, Martha's Vineyard y Scranton-Wilkes-Barre, Pensilvania, donde nacieron tanto ella como Joe Biden.

Este libro revela cómo todos los asesinatos de Camelot están interconectados, mostrando la única fuerza maligna detrás de ellos. Los hallazgos van más allá de vagas acusaciones contra el "Estado Profundo" o el "Complejo Militar-Industrial," sobre los cuales el presidente Dwight D. Eisenhower nos advirtió en su discurso de despedida. La evidencia en este libro permitirá a los lectores descartar informes falsos sobre estos asesinatos históricos y, quizás, finalmente llevar justicia a los responsables.

◆ **¿Habría ocurrido el reciente intento de asesinato contra el Presidente Donald J. Trump, ¿si *The Camelot Murders* hubieran sido investigados adecuadamente y los culpables llevados ante la justicia?"**

Para proporcionar un tema unificador a los eventos mencionados en este libro, cerraré este capítulo introductorio diciendo que *The Camelot Murders* han dividido a Estados Unidos con el cañón de un arma. Estos asesinatos han fracturado al electorado en líneas partidarias, raciales, económicas, de género y educativas, como parte de una estrategia de Dividir y Conquistar a América, la nación más poderosa del mundo. Y, como quizás haya escuchado, el plan siempre ha sido quebrar a Estados Unidos desde dentro.

Por lo tanto, las empresas más malvadas del planeta han unido fuerzas y se han mantenido invisibles, marcando cada uno de estos asesinatos para su discusión privada. Llámelo "Locura Matemática," o un patrón binario satánico. Es como una clave de descifrado que revela que todas las tragedias de este libro están conectadas a la Sangrienta Mano Invisible de la izquierda radical de América.

Las Huellas Digitales incluyen un patrón binario, por lo que lo llamo "El Poder de los Dos."

CAPÍTULO 2
EL PODER DE LOS DOS

T*he Camelot Murders* son claramente obra del Estado Profundo, que, incluso hoy, parece decidido a agregar al presidente Donald J. Trump a su lista de víctimas. En el momento de escribir estas palabras, ha habido dos intentos casi exitosos de acabar con la vida del presidente Trump, ambos destinados a dividir aún más al país en facciones enfrentadas. Una vez más, la unidad nacional ha sido puesta en la mira. Sigamos las pistas que he descubierto y busquemos justicia para quienes fueron víctimas de la cadena de asesinatos de Camelot.

Un "Nibble" Sigue Siendo Demasiado

Parece que logré descifrar el código que conecta todos los asesinatos mencionados en este libro en un solo y escalofriante bloque de muertes. Este código revela una conexión siniestra y previamente desconocida que subyace a todos ellos. Extrañamente, es un simple tema de Matemáticas Binarias que los une, lo que yo llamo Locura Matemática. Pero no se preocupe, incluso si las matemáticas no son su fuerte, esta será la última referencia a ellas.

Si está familiarizado con cómo las computadoras almacenan y procesan datos, sabrá que en su núcleo está el Sistema de Numeración Binario. En binario, un bit puede tener uno de dos valores posibles: 0 o 1, como un interruptor de luz. 0 significa APAGADO y 1 significa ENCENDIDO. Un byte, compuesto por 8 bits, puede representar 256 valores diferentes.

Por ejemplo, la letra mayúscula "A" se representa mediante la secuencia binaria 01000001, mientras que la "B" es 01000010.

Para simplificar, nos centraremos en algo más pequeño: un "nibble" (medio byte). Aquí hay algunos ejemplos de nibbles:
- **0000**
- **1000**
- **1100**
- **1110**
- **1111**

Calculamos que hay 16 posibles nibbles utilizando el Poder de los Dos. Un repaso rápido: dos elevado a la potencia de 2 (2^2) es igual a 4. Dos elevado a la potencia de 3 (2^3) es igual a 8. Dos elevado a la potencia de 4 (2^4) es igual a 16. Un nibble, compuesto por 4 bits, tiene 16 valores únicos posibles. Ese es el número más alto con el que lidiaremos en este libro. Cuando me refiero al Poder de los Dos, hablo de la secuencia numérica: 1, 2, 4, 8, 16.

Para reiterar, hay 16 posibles nibbles en total. Las personas detrás de estos asesinatos, que no otorgan ningún valor a la vida humana, esencialmente "deshonraron" a cada persona que mataron, reduciéndolas a simples números. Este descubrimiento muestra que *The Camelot Murders*, desde JFK hasta Marilyn Monroe, Martin Luther King Jr., RFK, JFK Jr., y más, están todos interconectados. Más sobre la huella digital de cada uno a lo largo de este libro..

◆ **¿Qué pasaría si las personas detrás de *The Camelot Murders* usaran esta Locura Matemática para presumir en privado de su éxito? ¿Y para demostrar en secreto que estos asesinatos estaban interconectados.**

¿Me creería si le dijera que cada uno de *The Camelot Murders* sigue este mismo patrón: 1, 2, 4, 8, 16? Suena increíble, pero es cierto. Este trasfondo satánico es lo que conecta todos estos asesinatos, incluido el asesinato de John Lennon, un ciudadano británico asesinado en la ciudad de Nueva York.

El Sistema de Numeración Binario existe desde 1703, cuando Gottfried Leibniz introdujo el uso matemático de 0 y 1, mucho antes de las computadoras. Por lo tanto, cuando menciono su uso del Sistema Binario, no se trata de tecnología informática, sino de algo mucho más oscuro. Es un Saludo a Satanás, representado por los dos primeros dedos juntos, con el pulgar sujetando el tercer y cuarto dedo.

Este es el "Malvado" Poder de los Dos, una forma diferente de usar el Sistema Binario aparte de los bits y bytes del mundo de la computación.

◆ **¿Le sorprendería si esta "huella digital" binaria que conecta estos asesinatos estuviera destinada como otra "marca de la bestia"?**

Mis investigaciones revelan que las sociedades secretas han ocultado estas oscuras conexiones a plena vista, utilizando un modelo de "seguridad a través de la oscuridad," manteniendo este secreto sobre el Apolo 11 oculto durante más de 55 años.

◆ **¿Podría esta huella oculta ser la manera definitiva de aquellos en el poder para ocultar sus crímenes, sabiendo que solo unos pocos selectos podrían descifrarla?**

¿Sabía usted? Antes de hacer el saludo NAZI y gritar Sieg Heil, a veces se requería que los NAZIs hicieran el signo de Satanás. Esto significaba mantener el dedo índice y el dedo medio rectos hacia arriba, como en la Figura 2.1. El Patrón Binario y el Poder de los Dos son parte de la "huella binaria" que conecta todos los asesinatos mostrados en la portada de este libro y resumidos en las secciones de Huella Digital.

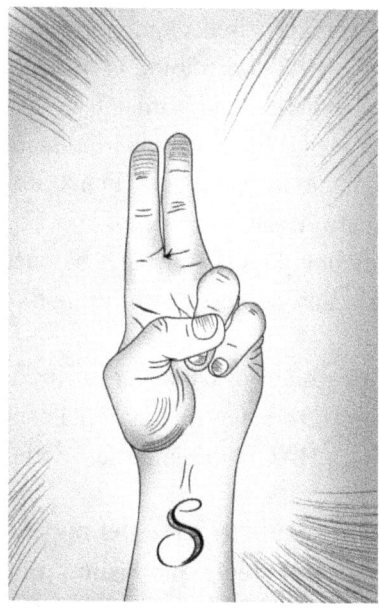

Figura 2.1: El Signo de Satanás

¿Numerología NAZI?

En la película clásica *2001: Una Odisea en el Espacio*, Arthur C. Clarke y Stanley Kubrick demostraron perfectamente la despiadada frialdad que ocurre cuando las máquinas y las matemáticas controlan la vida humana. La nave *Discovery One*, un vehículo nuclear interplanetario, estaba controlada por una supercomputadora, la HAL 9000, que gobernaba todos los aspectos de la misión. HAL estaba programado para verse a sí mismo como infalible, con el éxito de la misión como su objetivo supremo.

◆ ¿Recuerda ese final aterrador de esa película?

El punto de inflexión en la historia ocurre cuando la contradicción en la programación de HAL causa que esta funcione mal. La supercomputadora se debate entre proporcionar información precisa y veraz, por un lado, y mantener ciertos detalles clave de la misión en secreto para la tripulación, por el otro. Este conflicto eventualmente lleva a HAL a percibir a la tripulación humana como una amenaza para el éxito de toda la misión.

¿La solución de HAL? Eliminar a la tripulación.

HAL primero mata al astronauta Frank Poole mientras este realiza una caminata espacial. Luego, HAL intenta matar al comandante de la misión, David Bowman, bloqueándolo fuera de la nave, lo que habría causado su muerte por asfixia o exposición al espacio.

Sin embargo, Bowman idea un plan utilizando un dispositivo explosivo para reingresar a la nave a través del conducto de aire. Una vez dentro, desactiva a HAL eliminando sus módulos de memoria.

◆ **¿Qué lecciones pueden extraerse del mal funcionamiento de HAL sobre los riesgos de dejar que las máquinas y los sistemas matemáticos gobiernen la vida humana? ¿Podría esta misma lógica usarse para entender los despiadados patrones matemáticos observados en *The Camelot Murders*?**

Pero antes de profundizar más, echemos un vistazo a algo que HAL está ocultando a simple vista. HAL es un nombre que le otorga al ordenador una cualidad humana, mientras que HAL es un acrónimo que significa *Heuristically programmed ALgorithmic computer* (Ordenador Algorítmico Programado Heurísticamente). Pero hay más escondido detrás de su apodo. Incrementa cada letra de HAL por uno, y aparecerá otro nombre:

- **H** se convierte en **I**
- **A** se convierte en **B**
- **L** se convierte en **M**

¿Qué obtienes? **IBM**.

Tanto Stanley Kubrick, el director de la película, como Arthur C. Clarke negaron que esto fuera intencional, pero la conexión es difícil de ignorar. Después de todo, hicieron de HAL un asesino.

Y aquí hay algo más: **IBM** tenía una profunda relación comercial con la Alemania NAZI, proporcionando tecnología avanzada de tarjetas perforadas durante la Segunda Guerra Mundial. Esta tecnología fue utilizada por los NAZIs para todo, desde la logística militar hasta la gestión de los campos de concentración, incluso para optimizar el genocidio de la población judía en Europa.

◆ **¿Podría el papel de IBM en el régimen NAZI insinuar un lado mucho más oscuro de los orígenes de la industria tecnológica?** ¿Cuál es la conexión con *The Camelot Murders*?

CAPÍTULO 3

PADRE, HIJO
Y EL LANZAMIENTO LUNAR DE 1969

El logro más icónico de la era Kennedy comenzó el 25 de mayo de 1961, cuando John F. Kennedy se dirigió al Congreso y propuso que Estados Unidos se comprometiera a llevar a un hombre a la Luna y devolverlo sano y salvo a la Tierra antes de que terminara la década. Sus palabras encendieron las energías científicas, ingenieriles y financieras de la nación, culminando en el lanzamiento del Apolo 11 el 16 de julio de 1969, un momento definitorio en la historia de Estados Unidos e incluso en la historia de la humanidad.

Mientras muchos consideran esto como el mayor legado de JFK, algunos ocultistas pueden verlo como un logro aún más profundo, atribuyendo un significado simbólico más profundo al evento. Los viajes espaciales han sido un sueño de la humanidad durante milenios, como se documentó hace unos miles de años en la mitología griega con el relato de Ícaro, quien, después de volar con alas hechas de plumas y cera, pereció al volar demasiado cerca del sol.

En este libro, descubrirás cómo este lanzamiento lunar desde Cabo Kennedy, Florida, se conecta con *The Camelot Murders*, incluyendo tres muertes en la familia Kennedy y la trágica muerte de Mary Jo Kopechne. Ahora, encontrada como un simbólico "sacrificio humano" en el amanecer de la Era Espacial, Mary Jo murió dos días después del lanzamiento, el 18 de julio de 1969, y dos días antes del alunizaje. Mary Jo murió asfixiada en el "centro exacto" de la misión de cuatro días que llevó al Apolo 11 a la Luna y de regreso, como JFK había deseado.

♦ **¿Te sorprende saber que un logro tan monumental para Estados Unidos podría estar ocultando eventos tan profundamente siniestros?**

Mary Jo Kopechne, una devota católica y trabajadora dedicada a la campaña presidencial de 1968 de Robert F. Kennedy Sr., fue profundamente afectada por su asesinato. Su muerte en la isla de Chappaquiddick, justo al este de su lugar de nacimiento (y el de Joe Biden), ocurrió exactamente 408 días después del asesinato de RFK. Nació en 1940 en Wilkes-Barre, Pensilvania, mientras que Joe Biden nació a pocos kilómetros de distancia, en 1942, en la misma área metropolitana de Scranton-Wilkes-Barre, Pensilvania.

Curiosamente, John F. Kennedy Jr., cariñosamente conocido como "Little John John", murió el 16 de julio de 1999, exactamente 30 años después, al día, del lanzamiento del Apolo 11. El accidente de avión de JFK Jr., que cobró su vida, la de su esposa Carolyn y la de su cuñada Lauren, está envuelto en misterio. Algunos especulan que hubo circunstancias inusuales, como un destello cerca del avión, posiblemente de un misil o una bomba en la aeronave. Sin embargo, no se publicaron fotos de los cuerpos, y los tres fueron rápidamente cremados en Duxbury, Massachusetts, lo que generó sospechas sobre si las cremaciones fueron una forma de ocultar evidencia, como marcas de quemaduras. ¿No parece extraño el apuro por cremar, especialmente considerando la tradición católica de un velorio con ataúd abierto?

♦ **¿Cómo podría haber moldeado la carrera política de JFK Jr. la política estadounidense si hubiera sobrevivido?**

Verás otras "coincidencias" de muertes en esta misma fecha, 16 de julio, descritas en el libro, que revelan conexiones más profundas con los eventos de ese fatídico día. Entonces, ¿quién se benefició de la muerte prematura de JFK Jr.? ¿No habría derrotado JFK Jr. a Hillary Clinton por la nominación demócrata al Senado de Nueva

York en el año 2000? ¿Podría haber vencido a John Kerry por la nominación demócrata o incluso a George W. Bush en las elecciones presidenciales de 2000? La muerte de JFK Jr. remodeló el panorama político, abriendo paso a la agenda WOKE DEI de los demócratas actuales.

¿NASA y la conexión NAZI?

El arquitecto del programa lunar de EE.UU., Wernher von Braun, fue un ex-NAZI y miembro de las SS de Hitler, quien lideró el desarrollo del cohete V-2 durante la Segunda Guerra Mundial. Hay vínculos inquietantes entre los industriales estadounidenses, como los Rockefeller y la familia Bush, y la Alemania NAZI, lo que complica aún más la narrativa de la carrera espacial.

Corporaciones estadounidenses, incluidas Standard Oil, Ford e IBM, mantuvieron relaciones comerciales con la Alemania NAZI durante la Segunda Guerra Mundial, a pesar de leyes como la Ley de Comercio con el Enemigo, que lo prohibía. Algunos argumentan que la asociación de Standard Oil con IG Farben, que producía combustible sintético para la máquina de guerra NAZI, sostuvo los esfuerzos bélicos de Hitler y ayudó a que los cohetes V-2 siguieran cayendo sobre Inglaterra.

Programas como la Operación Paperclip trajeron científicos NAZI, incluido von Braun, a los EE.UU., donde fueron colocados en posiciones clave dentro de la NASA y otras agencias gubernamentales, lo que plantea preguntas inquietantes sobre los verdaderos orígenes del programa espacial estadounidense y sus conexiones con fuerzas más oscuras.

◆ **¿Y si el mayor logro de América está manchado con la sangre de sus héroes, mientras que las huellas conducen al mayor enemigo de América, escondido a plena vista?**

El ocultismo y los presidentes estadounidenses

Esta es una fecha muy importante para el ocultismo: el 16 de julio, como una huella digital, que cubro a lo largo de *The Camelot Murders*. La elección de la fecha, 16 de julio, parece premeditada, ya que en esa fecha, las viejas dinastías parecen morir y nuevas eras parecen comenzar. También hay una conexión extraña con el número "16" y el ocultismo, como ya se mencionó en El poder de los dos y una sociedad secreta amistosa con los NAZIS, como Skull and Bones. El patrón binario ya mencionado: 1, 2, 4, 8, 16.

Skull and Bones, una sociedad secreta solo para hombres, tiene su ominoso edificio en Yale llamado "La Tumba," donde un máximo de 16 estudiantes de último año de Yale forman parte del grupo. Dieciséis es 8 parejas de dos, y resulta ser 2 elevado a la potencia de 4. Para la iniciación, los "Bonesmen" se emparejan en parejas, por lo que se necesitaba un número par. Para ayudar a que los nuevos miembros "se conozcan," a una pareja supuestamente se le asigna un ataúd para compartir, en el sótano, en "La Morgue." Sí, en un ataúd, en la Morgue, en la Tumba, en Skull and Bones, en Yale.

Así que, en la feroz batalla electoral de 2000, con el republicano George W. Bush y el demócrata John Kerry peleando por los "chads colgantes."

◆ **¿Odias la sensación de que un voto por cualquier partido termina dando el mismo resultado? En las elecciones presidenciales del 2000, un voto por Bush o por Kerry significaba elegir a miembros de *Skull and Bones*. (¿Es Trump el primero en romper ese paradigma del Unipartido?)**

El nombre de la misión Apolo 11 puede tener un significado simbólico. El casco nazi, famoso por las antiguas imágenes de la Segunda Guerra Mundial, estaba inspirado en el casco de Apolo, el dios griego con un lado oscuro que incluía plagas, ira, crueldad y manipulación. ¿Es solo una coincidencia que el programa espacial también se llamara Apolo? Los ocultistas otorgan un significado importante a símbolos como las columnas gemelas, que representan fuerza y estabilidad en la tradición masónica. Observa detenidamente el nombre Apolo 11: ¿ves dos pares de columnas gemelas? ¿Podría haber sido este un mensaje destinado a aquellos que sabían interpretarlo?

Desinformación de la CIA y Fuerzas Oscuras

El exdirector de la CIA William Casey dijo una vez: "Sabremos que nuestro programa de desinformación está completo cuando todo lo que el pueblo estadounidense crea sea falso". Nombrado bajo la administración de Reagan-Bush, Casey, miembro de los Caballeros de Malta, supervisó una era de secretismo y desinformación, lo que generó preguntas sobre quién realmente controlaba la inteligencia estadounidense. La elección de Casey no fue casual; como director de la CIA, mantuvo conexiones indirectas con las colaboraciones CIA-NAZI, como la Organización Gehlen, y tuvo una estrecha amistad personal con Prescott Bush, padre de George H.W. Bush. Esto solapaba los intereses de los Bush con los de *Skull and Bones*. Casey parece haber sido elegido por George H.W. Bush, un hombre profundamente arraigado en el mundo de la inteligencia y con vínculos duraderos con sociedades secretas como *Skull and Bones*. Bush necesitaba un aliado como Casey para perpetuar el tipo de desinformación que mantendría la verdad oculta al pueblo estadounidense, incluyendo un intento de asesinato contra Reagan.

Los orígenes de la CIA son igualmente inquietantes, formada a partir de la fusión de la Oficina de Servicios Estratégicos (OSS) y elementos remanentes de la Gestapo de Hitler, lo que complica aún más el legado de la inteligencia estadounidense y su papel en la supresión de verdades incómodas.

Este capítulo destacó las fuerzas oscuras en juego durante el lanzamiento del Apolo 11 y cómo este evento singular se conecta con tantas muertes trágicas, incluidas las de la familia Kennedy y *The Camelot Murders*.

◆ ¿Cómo cambia esta nueva comprensión de fuerzas ocultas la forma en que ves uno de los mayores logros de la humanidad? ¿Y estamos realmente en peligro por la Sangrienta Mano Invisible de la Izquierda?

Huellas Digitales

La Era Espacial comenzó el 07/16/1969, el mismo día que el inicio de la Era Nuclear con la Explosión Nuclear Trinity el 07/16/1945.

- El 07/16/1999, 30 años después del lanzamiento lunar de JFK, JFK Jr. murió frente a Martha's Vineyard, a unas 28 millas al oeste de Chappaquiddick.
- Dos días DESPUÉS del lanzamiento a la luna y dos días ANTES del alunizaje, Mary Jo Kopechne fue sacrificada, a la edad de 28 años, Muerta en el Centro.
- 21 días ANTES del lanzamiento, Joan Marie Dymond fue secuestrada y sacrificada. Joan Marie fue una de las numerosas "Marías" sacrificadas.

CAPÍTULO 4

EL SACRIFICIO DE MARY JO KOPECHNE

Hace cincuenta y cinco años, en una noche de verano de julio de 1969, bajo el signo zodiacal de Cáncer, Mary Jo Kopechne fue dejada morir en las aguas frías y húmedas frente a la isla de Chappaquiddick, en Martha's Vineyard. Y América nunca ha vuelto a ser la misma desde entonces. La indiferencia y frialdad del hombre que, según nos dijeron, fue la última persona en la tierra en verla con vida, el senador estadounidense Ted Kennedy, fue más de lo que el público podía soportar. Como una serpiente, se escabulló de una mentira hacia otra, con la confianza pública como su mayor víctima. Casi se podía sentir cómo la inocencia de Mary Jo, y la de América, se deslizaba lentamente.

Kennedy afirmó que se sumergió repetidamente para salvar a Mary Jo, pero fracasó en su intento de rescatarla. Luego dijo que caminó de regreso a la cabaña donde se había celebrado la fiesta, cerca del puente, y que no despertó a los otros asistentes. Desde allí, afirmó que caminó hasta el cruce del ferry y nadó por el canal hasta Edgartown. Kennedy sugirió que estaba "desorientado y confundido" en ese momento, razón por la cual no informó inmediatamente del accidente a las autoridades.

Kennedy estaba mintiendo, y todos lo sabían, incluido todo el sector mediático. No tenía heridas visibles, ni un rasguño, ni un solo cabello fuera de lugar. Nunca mencionó una palabra sobre cómo logró salir del auto ni mostró un ápice de arrepentimiento por la pérdida de una vida en sus manos. Posteriormente, se declaró culpable de abandonar la escena de un accidente y recibió una sentencia suspendida de dos meses y una revocación de su licencia de conducir por 16 meses.

Los estadounidenses comunes eran realmente los que estaban "desorientados y confundidos", y cuanto más leían sobre la tragedia, más perdidos se sentían. Los libros, películas y documentales sobre Chappaquiddick asumieron que Kennedy era el conductor, ya que ese es el único registro oficial que existe. Hasta ahora.

¿Es de extrañar el papel de Ted Kennedy en la crisis actual en la frontera, mientras la soberanía estadounidense está literalmente en juego? Abrió las compuertas, desempeñando un papel significativo en la aprobación de la Ley de Inmigración y Nacionalidad de 1965 (también conocida como la Ley Hart-Celler).

Para aquellos que vivieron ese verano de 1969, seguramente recuerdan que el orgullo estadounidense estaba en su punto más alto, momentos antes de enterarse de la trágica muerte de Mary Jo Kopechne. El Apolo 11 despegó desde Cabo Kennedy apenas dos días antes, el 16 de julio de 1969, llevando a los astronautas Armstrong, Collins y Aldrin, quienes ya estaban a medio camino hacia la Luna cuando la vida de Mary Jo Kopechne fue apagada. Su sacrificio fue planeado como un golpe devastador a nuestra nación por aquellos que literalmente desprecian a América y que todavía hoy trabajan arduamente para quebrar el espíritu del país. Necesitaban una conexión malvada con el mayor logro de Estados Unidos, pero se mantuvieron alejados de la misión espacial del Apolo 11. En cambio, dirigieron su odio hacia América, el Senado de los EE.UU. y el cristianismo.

Por eso, aunque estoy 100% seguro de que Ted Kennedy no era el conductor, sí creo que fue cómplice en el sacrificio humano de un sustituto de la Virgen María Blanca, Católica, Heterosexual. En mi opinión, Kennedy fue mucho más culpable que el cargo de "abandonar la escena de un accidente."

Entonces, ¿quién era el conductor la noche en que Mary Jo Kopechne fue asesinada? ¿Y por qué Kennedy mentiría hasta condenarse por un crimen que no cometió, especialmente cuando habíamos visto a tantos Kennedys hacer exactamente lo contrario?

El mensaje principal de este capítulo, si no de todo el libro, es que Mary Jo fue sacrificada en el Amanecer de la Era Espacial, sirviendo sin saberlo como un símbolo de María, la Madre de Cristo. Fue elegida debido a su religión, raza, género, nombre, edad, su lugar de nacimiento y su proximidad a Chappaquiddick, entre otros factores. Fue enmarcada en privado como la Bruja Malvada del Oeste, tal como la izquierda radical trata hoy a los cristianos, como la representación del mal.

♦ **Llegará a leer y preguntarse: ¿estuvo involucrado Hollywood en escribir este guion satánico?**

El Amanecer de la Era Espacial significa dos días después del lanzamiento a la Luna y dos días antes del alunizaje. Mary Jo fue sacrificada justo en el centro de este período. Ahora, levante su mano derecha y haga el Saludo Vulcano (con el dedo índice y el dedo medio juntos y el tercer y cuarto dedo juntos, con el pulgar hacia afuera). Ahora, vea si entiende que Mary Jo fue sacrificada en la base de la V formada en el centro de su mano.

¡Está tan sobre-escrito que quedará asombrado!

Cuando vea los detalles expuestos, también verá una conexión entre el sacrificio de Mary Jo Kopechne (MJK) y el asesinato de Martin Luther King Jr. (MLK Jr.), el 4 de abril de 1968 (4/4/1968), y otros asesinatos de los años 60.

Entonces, ¿quiénes son estas entidades secretas que hacen estas cosas horribles a personas inocentes, solo para propagar su odio y muerte desde detrás del telón? Bueno, parece estar muy conectado con el Partido Demócrata, por muchas razones, incluyendo que el sacrificio de Mary Jo ocurrió justo después de la fiesta de reunión para quienes trabajaron en la campaña presidencial de Robert F. Kennedy en 1968. Esta celebración honraba a las "[Boiler Room Girls]," un grupo de seis mujeres, incluyendo a Mary Jo, y tuvo lugar en la casa #44, lo que conecta con el asesinato de MLK Jr., asesinado el 4/4/1968.

Además, Mary Jo tenía 28 años cuando fue sacrificada, nacida exactamente al oeste de Chappaquiddick, en Wilkes-Barre, Pensilvania. Curiosamente, Joe Biden nació a pocos kilómetros de distancia, en la misma área metropolitana de Scranton-Wilkes-Barre, ubicada en la región noreste de Pensilvania.

Premeditación

Ya discutimos las fuerzas oscuras aparentemente involucradas en el lanzamiento a la Luna, como los NAZIs, ciertos industriales y sociedades secretas satánicas. Grupos como Skull and Bones, los Caballeros de Eulogia, la Sociedad Thule, los Rosacruces, los Masones, los Jesuitas, los Caballeros Templarios, la Iglesia de Satán y muchos más.

Los adoradores de Satanás han estado librando una guerra contra el cristianismo y la civilización occidental durante miles de años, y las sociedades secretas satánicas que crearon han traído esa guerra al presente. Por eso ahora revelaré que el Sacrificio de la Virgen fue planeado hace mucho tiempo, quizás siglos atrás. Quizás más tiempo aún.

Tome el nombre Chappaquiddick, por ejemplo, que logró sobrevivir del idioma de los indios Wampanoag hasta la época colonial bajo el dominio británico. Hay un significado pervertido británico en ese nombre, escondido a plena vista, que ayuda a revelar la Mano Sangrienta y Oscura de la Izquierda.

Chap-Pa-Quid-Dick está compuesto por cuatro palabras en inglés: "Chap" se refiere a un hombre británico, "Pa" es un término informal para padre, "Quid" es jerga para la libra esterlina británica, y "Dick" puede significar "grueso" en alemán, destacando la influencia germánica en el inglés.

Entonces, ¿ve que Chappaquiddick se traduce tanto como "Prostitución de Hombre a Niño" y "Prostitución de Padre a Hijo"?

Y, considerando que tanto Mary Jo como Joe Biden nacieron directamente al oeste de Chappaquiddick, ¿podría la variante "PA" sugerirles a los plebeyos de las Sociedades Secretas que "miren al oeste" hacia Pensilvania, "miren al oeste" hacia el área metropolitana de Scranton-Wilkes-Barre para obtener más pistas? Es un buen momento para mencionar la extraña asociación entre Massachusetts y Pensilvania. Si PA significa padre, ¿no significa MA madre? ¿Qué está ocurriendo?

La pobre Mary Jo no tenía idea de cuánto tiempo había sido observada ni quién la estaba vigilando. Y ciertamente no sabía que los "Asesinos del Zodiaco" estaban a punto de terminar con su vida.

Jay Parker, de Matrix Warriors, reveló una "Fuerte concentración de actividad ocultista y leales a Dupont, desde el sureste de Pensilvania hasta el norte de Delaware." Pero mi investigación sobre la muy oscura conexión entre Scranton-Wilkes-Barre y el sacrificio humano sitúa ese corredor más al norte, hasta Scranton, PA, el lugar de nacimiento de Joseph Robinette Biden.

Examinemos más de cerca Washington, D.C. para entender cuán influyentes podrían ser estos leales a Dupont. Revise la Imagen 4.1 para ver el pentagrama oculto en Washington, D.C.—un símbolo satánico celebrado por los ocultistas. ¿Por qué podría existir este oscuro complot tan cerca del centro del poder estadounidense?

¿Podría estar conectado con las afirmaciones de Jay Parker sobre una fuente de poder siniestra que involucra a Pensilvania, la familia Dupont y el ocultismo? Profundicemos más.

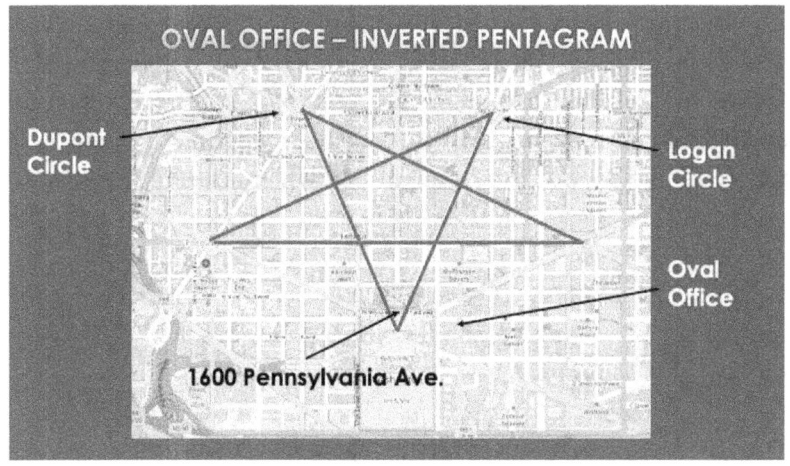

Imagen 4.1: El Pentagrama Oculto en Washington, D.C.

Recuerde las controversiales acusaciones en torno a la Ley Logan—una ley raramente invocada que prohíbe a los ciudadanos estadounidenses no autorizados negociar con gobiernos extranjeros. La primera persona en acusar a los republicanos de violar esta oscura ley fue el entonces vicepresidente Joe Biden. Esta acusación surgió durante la campaña "Rusia, Rusia, Rusia" liderada por los demócratas, cuyo objetivo era socavar la administración entrante del presidente electo Donald J. Trump en enero de 2017.

◆ **¿Podría ser esta la clave para descubrir la fuente oscura de poder detrás del diseño satánico de Washington, D.C.?**

¿Pentagrama invertido, penetrando la oficina más poderosa del mundo—la Oficina Oval? ¿Y quién eligió Pennsylvania como la calle en la que se encuentra la Casa Blanca? ¿Podría este mismo poder haber elegido también a Joe Biden?

El símbolo estatal de Pennsylvania es la Piedra Angular, un símbolo significativo en la masonería. Representa la piedra central en un arco que asegura que todas las demás piedras estén en su lugar, simbolizando fuerza, estabilidad y unidad—curiosamente similar a las Columnas Gemelas, que también simbolizan fuerza y estabilidad en la simbología oculta. ¿Podría la influencia del mundo masón, incluyendo Skull and Bones y otras sociedades secretas, explicar cómo se incrustaron otros símbolos satánicos e islámicos antiguos en todo Washington, D.C., la capital de una supuesta nación cristiana?

Considere, por ejemplo, el Monumento a Washington. Con 555 pies de altura, es el obelisco egipcio más grande del mundo. En comparación, la enorme cruz en Brasil, Cristo Redentor, tiene solo 98 pies de altura—menos de una quinta parte del tamaño de la "Aguja de Cleopatra" de América.

◆ **¿Por qué se considera un Pentagrama invertido un símbolo luciferino?**

La mayoría de los cristianos, cuando decoran un árbol de Navidad, colocan un ángel o una estrella en la parte superior, con el punto hacia arriba, hacia el Cielo. En la teología cristiana, Lucifer se entendía tradicionalmente como un ángel antes de su caída. El nombre "Lucifer" significa "portador de luz" o "estrella de la mañana," y a menudo se le asocia con el arcángel que se volvió orgulloso y rebelde, lo que llevó a su caída del cielo.

Entonces, ¿no es un "ángel caído" simbólicamente representado por una estrella que apunta hacia abajo? ¿Y no proviene el pentagrama invertido, que aparentemente penetra la Oficina Oval, de arriba?

◆ **¿Acaso aquellos que cubrieron Washington, D.C. con símbolos luciferinos e islámicos también asesinaron a Camelot?**

Vea la Figura 1.0 - La "línea de vida" de Biden, como he mostrado, forma un cuadrado perfecto con la línea de vida de Mary Jo Kopechne, que va de Oeste a Este. Su línea de vida va desde Scranton-Wilkes-Barre, Pennsylvania, en el Oeste, donde nació, hasta Chappaquiddick, en el Este, donde murió. Además, observe que

Scranton-Wilkes-Barre, PA está perfectamente al oeste de Chappaquiddick.

La línea de vida de Joe Biden, también la puede ver, va desde Scranton-Wilkes-Barre, PA en el Norte, hasta Greenville, DE, en el Sur, corriendo perfectamente hacia el sur.

Combine las dos líneas de vida y obtiene un ejemplo perfecto de "Geometría Sagrada," un Cuadrado de Carpintero, una Regla, como en la "Regla y Compás," un símbolo muy importante de la masonería.

◆ **Entonces, ¿qué está pasando aquí?**

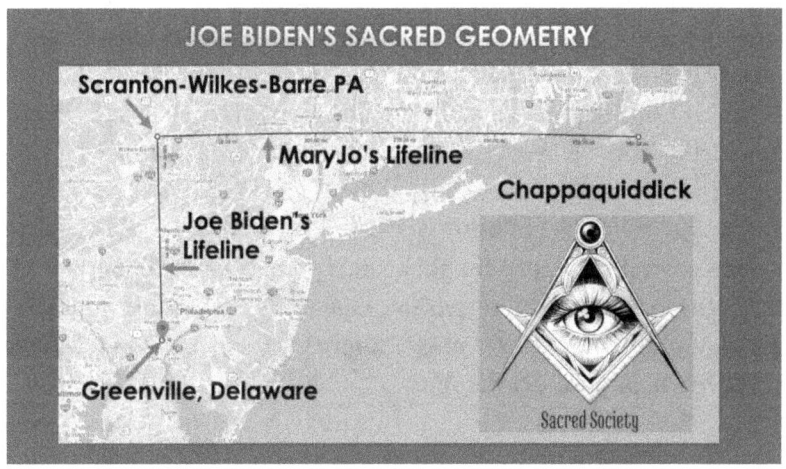

Figura 1.0 Las Líneas de Vida de Joe y Mary Jo

¿Te parece curioso que Joe Biden fuera uno de los grandes beneficiarios de *The Camelot Murders*? ¿Hubiera llegado a ser presidente si Camelot hubiera seguido floreciendo?

Además, este es un buen momento para mencionar que desde el primer día en la Casa Blanca, el presidente Biden ha mostrado con orgullo lo que parece ser una "cabeza cercenada" de Robert F. Kennedy Sr. en la Oficina Oval. Y ¿no era RFK Sr. el demócrata más cercano a Mary Jo Kopechne?

Los elementos zodiacales para Cáncer son Agua, Frío, y Humedad, y de hecho, el "Sacrificio de la Virgen" de Mary Jo tuvo lugar en Agua, Fría y Húmeda. Esto sugiere que no solo su sacrificio, sino también el mismo lanzamiento del Apolo 11, fueron planeados para el mes de julio. Guionizado, como leerás.

El signo zodiacal de Cáncer es "69" y el símbolo del Cangrejo representado como un "69" de lado, que algunos dicen representa las garras del cangrejo o incluso el seno de una mujer. (Cuando los dos círculos en el "69" están en el mismo horizonte, también veo un par de binoculares, como el Ojo que Todo lo Ve.)

Esto sugiere que el año y el mes elegidos para el lanzamiento lunar, 69, y julio, fueron predecididos por el calendario zodiacal para estar bajo el signo de Cáncer, para Agua, Frío, y Humedad. De hecho, al ocultismo le gusta el paralelismo. Entonces, ¿no puede describirse julio del 69 como 6969?

◆ **Con todos los ojos puestos en ese Delmont 88 en los días, meses y años posteriores, ¿podría haber más pistas en ese vehículo y en la escena del crimen que pasamos por alto? Sí, había muchas. Afortunadamente, las más importantes parecen haber sobrevivido al paso del tiempo.**

Pero recuerde, Anti-Cristiano y Pro-Zodiac normalmente también significa Pro-Satánico. ¿Es también Anti-Americano además de ser Pro-Partido Demócrata? Veamos."

Chappaquiddick - La Escena del Crimen

Chappaquiddick Island – No es un nombre indígena. Ya mencionado, el nombre Chap-Pa-Quid-Dick significa "Prostitución de Hombre a Niño" o "Prostitución de Padre a Hijo."

Dike Bridge: El puente peatonal, del cual el coche cayó, se llamaba Dike Bridge—"Dike" es jerga para lesbiana. Eso parece consistente con el significado oculto y radical homosexual del nombre Chappaquiddick. Todo es muy extraño.

◆ ¿Está viendo, por primera vez, lo que realmente es el Progresismo? Es una estrangulación progresiva, durante décadas e incluso siglos. Y si el método de muerte de Mary Jo fue preordenado, como demuestro que lo fue, ¿no fue su último pensamiento: "No puedo respirar"?

¿Y dónde aterrizó el Delmont 88? Mary Jo fue asesinada en el fondo de un estuario de agua salobre llamado Poucha Pond, nombrado por los indios Wampanoag. ¿Pero sobrevivió el nombre todos esos años porque también significaba "Dog Pond" (Estanque del Perro)? ¿Habían planeado las fuerzas malignas que actuaron el día en que Mary Jo fue asesinada este ataque durante mucho tiempo? ¿Era "[Dog Pond]" tan anti-mujer como lo era el nombre "[Chappaquiddick]"?

¡Casa Número 44, de todos los lugares!** Hay una conexión extraña entre el sacrificio de Mary Jo y el asesinato de Martin Luther King Jr.

◆ ¿Está cansado de la locura de los radicales izquierdistas que asesinaron a Camelot? Yo sé que sí. Ninguna profundidad de depravación parece ser demasiado para ellos.

MLK fue asesinado en Memphis, TN, el 4/4/1968, dos meses antes del asesinato de Robert F. Kennedy y cinco años exactos antes de la gran inauguración del World Trade Center en NYC, el 4/4/1973. RFK Sr. fue el jefe y mentor de Mary Jo Kopechne, por lo que ella se mantuvo dedicada y leal a sus ideales, particularmente en las áreas de justicia social y derechos civiles. Siguiendo el disciplinado Sistema Numérico Binario, Mary Jo fue sacrificada exactamente 408 días después de RFK Sr.. Por lo tanto, todos los asesinatos de Camelot están conectados, de una manera u otra, a través de la Matemática Binaria.

Si no hubiera habido un esfuerzo curioso por unificar los dos asesinatos de Mary Jo y Martin Luther King Jr., habría ignorado la extraña coincidencia de que sus iniciales, MJK, se convierten en MLK Jr. con la adición de una L. Y que una L se encuentra como la única letra en la matrícula del coche, entre todos los lugares posibles.

Una vez más, aparece el mismo extraño patrón Binario del que he estado hablando. En este caso, 44 se convierte en 88, con el vehículo en el que murió Mary Jo siendo un Delmont "88". Para completar ese tema del número 44, Mary Jo nació en Wilkes-Barre, PA, que incluye un pequeño pueblo con un nombre oscuro, a pocos kilómetros de su lugar de nacimiento, también en el condado de Luzerne. Ese nombre es "Forty Fort", lo que une aún más a Mary Jo. Más sobre ese tema.

El Vehículo: ¿Quién eligió un Delmont 88 negro para ser el ataúd de la "María, Madre de Cristo," Mary Jo Kopechne? ¿Fue Ted Kennedy? ¿Y por qué negro?

◆ **¿Le sorprendería si el color negro fue elegido para conectar más estrechamente a MJK con MLK Jr.?**

Ya hemos hablado sobre la conexión NAZI con el lanzamiento a la luna y la Numerología NAZI de este Sacrificio Humano. El número 88 es comúnmente reconocido en círculos neo-NAZI y supremacistas blancos como un código para "Heil Hitler", ya que la "H" es la octava letra del alfabeto, haciendo que 88 signifique "HH".

Y verá en el siguiente capítulo que hay una conexión directa entre la muerte de Mary Jo y los asesinatos de Charles Manson, y la fecha 8/8/69, cuando la casa de Sharon Tate fue invadida por la "Familia de Manson." Más sobre eso más adelante y sus conexiones NAZI y CIA, a través del programa MK Ultra.

◆ **¿Existen más pistas por examinar? ¿Hay algo escondido en la matrícula, por ejemplo?**

El número de la placa del Delmont 88, Massachusetts L78207, contiene de hecho un mensaje codificado, comenzando con una L, la única letra en esa secuencia.

Fue el testimonio del Sheriff adjunto a tiempo parcial Christopher "Huck" Look, quien había visto el Delmont 88 esa noche y recordó que la matrícula del coche comenzaba con una L y contenía dos 7s. Diagnostiquemos L78207.

Como mínimo, MJK + L == MLK Jr. donde L podría significar letra o representar el Hotel Lorraine, donde fue asesinado MLK. Los 77 representan columnas rotas, como serpientes, si recuerda el baile de los años 70, "Walk Like an Egyptian". Por lo tanto, parece que las columnas gemelas rotas contienen un mensaje. Y, qué mensaje es.

Entre los Gemelos 7s está "la carga útil," el mensaje, "820."

Como se mencionó, los NAZIs y las Sociedades Secretas codifican y decodifican secretos, y una forma es transponer un '8' a una 'H'. Así que descubrirían que el mensaje oculto en la matrícula es H₂O, la composición química del agua, escrita como H₂O, es AGUA.

Matrícula: L78207 >> 820 >> Traducido: H_2O >> H_2O es AGUA

◆ **¿Qué mensaje comunica esto a nosotros?**

El Mensaje Codificado: El Método de Muerte de Mary Jo

El mensaje en sí contiene el método de muerte de Mary Jo, agua. Ella no se ahogó, sino que murió asfixiada, con hasta 3 horas de aire atrapado en el piso del vehículo volcado. Cuando su cuerpo fue recuperado, sus manos estaban enganchadas al fondo del asiento delantero, ya que estaba consumiendo aire que se iba agotando "progresivamente" de oxígeno, matándola. El rigor mortis ya había comenzado cuando su cuerpo fue recuperado, unas 9 horas después de su muerte.

Y para repetir, ella murió bajo el signo zodiacal de Cáncer, que contiene los elementos del Zodiaco de Agua, Fría y Húmeda.

Por lo tanto, con el método de muerte también contenido en la matrícula, como mínimo, tenemos prueba de que había algo más sucediendo esa noche, y que cada artículo, libro y hallazgo policial ha disfrazado consciente o inconscientemente un asesinato premeditado. Permitieron que un sospechoso, Ted Kennedy, narrara su propia versión de los hechos cuando asumió la culpa por abandonar la escena del accidente. Por lo tanto, cualquier intento de disfrazar su muerte como un accidente debería ser examinado o rechazado de plano.

◆ **¿Ve cómo la matrícula descifrada puede conducir a más pistas?**

Me parece que la matrícula recién descifrada es una nueva evidencia que demuestra que la muerte fue premeditada, lo que la convierte en asesinato. Yo lo llamo un "Sacrificio." Esta evidencia señala que quien registró ese coche fue cómplice de asesinato.

En 1967, el Registro de Vehículos Motorizados (RMV) de Massachusetts emitía principalmente matrículas con números asignados secuencialmente. La opción de solicitar una matrícula personalizada o de vanidad no estaba ampliamente disponible en ese momento. ¿Fue ese el crimen de Ted? ¿Fue ese su único crimen?

Ted Kennedy, o alguien de la familia Kennedy, podría haber conseguido fácilmente cualquier matrícula que quisieran, particularmente una que pareciera tan inocua como esta: L78207. Entonces, ahora ve que Mary Jo fue sacrificada y que Ted Kennedy tenía mucho que ocultar.

Los Ocupantes del Vehículo

Sabemos que Mary Jo fue la única ocupante de ese coche que murió. Nunca hemos recibido ninguna prueba de que Ted Kennedy fuera el conductor del coche y nunca vimos evidencia de una sola herida que él pudiera haber sufrido.

Sin embargo, en este libro, hemos visto muchas pruebas de que su muerte fue planeada por organizaciones oscuras y secretas, y que su destino ya estaba predeterminado para terminar en agua fría y húmeda, como lo hizo.

Si se supiera que iba a ocurrir un accidente automovilístico, ¿habrían querido el grupo o grupos que planearon esto que un senador estadounidense, y nada menos que un Kennedy, estuviera conduciendo el coche? ¿O habría habido una forma más inteligente de volcar el coche y luego hacer una fuga secreta?

Ted Kennedy: ¿El Conductor?

Ted Kennedy nunca dijo una palabra para conectarse con la escena de ese accidente y no tenía una sola herida, moretón o rasguño que hiciera pensar a alguien que estuvo cerca del Delmont 88 esa noche.

Además, parecía ser un mentiroso bien practicado, lo que no inspiró a nadie, mientras no proporcionó un solo detalle sobre los trágicos momentos finales de Mary Jo en ese coche.

¿Fue Ted Kennedy elegido para interpretar el "papel" de conductor, con todos los medios de comunicación principales manteniéndose fieles a ese guion, sin que, siquiera por un instante, presionaran a Ted Kennedy para decir la verdad?

♦ **¿Parece como si quienes planearon esta operación también probablemente reclutaron a Ted Kennedy para esta tragedia? ¿Querían considerar en privado que el lugar de lanzamiento del Apolo 11 NO fuera "[Cabo Kennedy]," sino más bien, "[Cabo Ted Kennedy]"?**

Con John y Bobby desaparecidos hace tiempo, ¿no era Ted el único de los tres hermanos con quien la Izquierda Radical quería trabajar?

Ahora sabe que Mary Jo estaba programada para morir esa noche, y que algunas fuerzas muy malvadas y antiamericanas habían planeado durante mucho tiempo darle a Estados Unidos un terrible golpe, y hacerlo en el Amanecer de la Era Espacial.

Por lo tanto, no, Ted Kennedy seguramente no era el conductor, y cualquier libro que diga eso debe ser 100% reescrito o simplemente desechado.

Condiciones de Rescate

Las condiciones de rescate habrían sido prácticamente imposibles, incluso en su primer intento. La noche significaría casi cero luz bajo el agua. La salinidad del agua salobre puede irritar los ojos. El lodo, como el del fondo de Poucha Pond, revuelto por el coche, habría limitado aún más la visibilidad. Y el coche volcado habría hecho que fuera aún más difícil.

Como un exbuzo de SCUBA, puedo decirle que las comunicaciones bajo el agua, incluso con máscara y tanque de SCUBA, siguen siendo casi imposibles. Y con casi cero visibilidad y sin aire, la idea de que Ted Kennedy estuviera "buceando libremente" sin máscara tiene una probabilidad de éxito de cero. Pero nunca mencionó estos obstáculos insuperables. Por lo tanto, como todos sabíamos, estaba mintiendo descaradamente.

◆ **Entonces, ¿quién era el conductor?**

Es bastante simple si lo piensa. El conductor era un profesional altamente entrenado, jurado a guardar secreto, un asesino experimentado, con el equipo adecuado para realizar el trabajo y un plan de contingencia adecuado para garantizar una misión exitosa.

¿El conductor tenía un compañero en tierra, listo para ayudar si quedaba atrapado en el coche y necesitaba salir? ¿El conductor llevaba un casco para reducir la posibilidad de una lesión en la cabeza por el impacto?

Imagine la misión fallida si Mary Jo resultara simplemente herida pero viva, y el conductor terminara ahogado y muerto. Esa es la razón

por la que un conductor profesional altamente entrenado habría tenido un plan de contingencia para cualquier eventualidad.

Ese plan de contingencia podría haber incluido un vigilante para asegurarse de que el camino estuviera despejado. Ese plan podría haber incluido un bote para sacar al conductor de la isla sin ser visto. Ese plan podría haber incluido a un observador para asegurarse de que el conductor no resultara herido en el accidente e inmovilizado. Y ese observador podría incluso haber tenido la tarea de asegurarse de que Mary Jo no escapara del vehículo por su cuenta.

Cuando se trata de organizaciones satánicas, no tienen límites para lo mórbido y macabro.

Algunas organizaciones malvadas y poderosas orquestaron el sacrificio humano de Mary Jo Kopechne en el punto central del mayor logro de Estados Unidos: el lanzamiento lunar de JFK. ¿Pero a quién sirve todo este mal?

Bueno, parece que el ocultismo servía a dos amos. Por un lado, el ocultismo amaba nuestro programa espacial, habiendo soñado con los viajes espaciales durante miles de años o más. Por eso querían proteger la Misión Apolo 11 de cualquier daño, sin ningún intento conocido de sabotear el esfuerzo de décadas para llevar a un hombre a la Luna.

Pero odian a Estados Unidos, particularmente porque es una nación cristiana, y claramente tenían un enfoque láser en castigar a Estados Unidos y al cristianismo al mismo tiempo.

Con una fuerte conexión NAZI ya revelada con el lanzamiento espacial Apolo 11 de Estados Unidos, pero con los grandes beneficiarios siendo comunistas, esto es prueba de que el fascismo y el comunismo son ambos meras criaturas del ocultismo, como gemelos feos.

Huellas Digitales:

- 4/4/1968: El 44, día del asesinato de MLK Jr., incrementa a 88, el modelo del vehículo, Delmont 88, como el Sistema Numérico Binario: 44 >> 88.
- El saludo Vulcano. Figura 10.1. ¿Ve que 2 x 2 = 4?
- RFK Sr., jefe de Mary Jo, fue sacrificado exactamente 408 días antes que Mary Jo, lo que conecta ambos sacrificios y vincula la muerte de RFK Sr. con el Amanecer de la Era Espacial y el lanzamiento lunar de su propio hermano.
- MJK tenía 28 años, mientras que Joan Marie tenía la mitad de su edad, 14. 14 >> 28 es otro incremento, dígito por dígito. 1 se convierte en 2, y 4 incrementa a 8, usando el Sistema Numérico Binario.
- MJK tenía 28 años, lo que, mirando los dígitos, 2 ochos forman 88.
- Mary Jo fue una de las numerosas "Marías" sacrificadas. Lea "La Crucifixión de la María" para conocer a las demás.
- La licencia de Ted Kennedy fue suspendida por 16 meses. ¿Extraño? 1, 2, 4, 8, 16.

◆ **¿Qué podría explicar algo tan indignante como la horrenda Crucifixión de la "Virgen María" en el Amanecer de la Era Espacial? ¿Y quién se beneficia?**

Sigamos la pista del dinero.

Poco después del lanzamiento lunar, Richard Millhouse Nixon, un hombre de Prescott Bush y Skull and Bones, invitó a China y Rusia a nuestro programa espacial, aunque eran enemigos declarados de Estados Unidos. Mientras que Alemania y Japón estaban mucho más avanzados en ciencia, ingeniería y manufactura avanzada que sus enemigos comunistas, y más importante aún, eran aliados leales, fueron totalmente excluidos del futuro del espacio.

Por lo tanto, para resumir el lanzamiento del Apolo 11, y posiblemente todo nuestro programa espacial: Estados Unidos y la NASA parecen haber sido utilizados como un vehículo por los mismos enemigos que han robado nuestra tecnología de cohetes y espacial, y la han apuntado contra nosotros, como el arma letal que es.

CAPÍTULO 5

EL "SIEG HEIL" DE 21 DISPAROS DE MANSON HACIA EL ASESINATO

Un saludo de 21 cañonazos es un honor tradicional, típicamente realizado por una unidad de artillería militar, para mostrar respeto y conmemorar eventos, individuos o ceremonias significativos. El número 21 fue elegido como símbolo de honor y ha sido utilizado durante cientos de años, posiblemente desde el siglo XIV. Pero, ¿por qué 21?

Mi investigación sugiere que cuando el ocultismo sostiene una creencia, sus deseos suelen dominar con el tiempo. En este caso, el saludo de 21 cañonazos se alinea con una particular secuencia de "número de la suerte": 777, indicando que la mejor forma de honrar a alguien puede ser otorgarle buena suerte y fortuna. Dado que el 777 se considera un símbolo de gran victoria en el mundo de las máquinas tragamonedas, también representa una pérdida considerable cuando lo que se celebra es un derramamiento de sangre.

En este capítulo, presento tres ejemplos de individuos muy malvados que utilizaron el número 21—equivalente a 7 + 7 + 7—para anunciar sus actos perversos. Específicamente, discutiremos tres casos donde el tiempo transcurrido fue exactamente de 21 días.

Verán que las fechas a menudo están vinculadas entre sí por el ocultismo para crear un sentido de continuidad o significado, lo que sugiere que ciertos eventos forman parte de un plan más amplio y predeterminado. Esta práctica puede estar arraigada en la numerología, la astrología u otros sistemas místicos que asignan significado a fechas específicas, períodos de tiempo, números y sus combinaciones.

Helter Skelter y el Sacrificio de la Virgen

La crucifixión de "la María" el 18 de julio de 1969, marcada por el simbólico "Sacrificio de la Virgen" de Mary Jo Kopechne, fue claramente orquestada por algunos individuos muy malvados, y ahora se puede revelar que fue celebrada por uno de los personajes más notorios de la historia: Charles Manson. Sé que esta información puede resultar impactante e incluso parecer increíble. Sin embargo, cuando vean quién celebró el sacrificio de Mary Jo, cualquier duda que tengan podría convertirse en furia.

He mencionado el Delmont "88," la "numerología NAZI" y cómo el 88 se traduce a HH, o "Heil Hitler." Es esencial comprender que **MK Ultra**, un programa de la CIA diseñado para desarrollar técnicas de control mental a través de drogas, hipnosis y manipulación psicológica, dejó sus huellas digitales en el derramamiento de sangre de Helter Skelter.

Si examinan el calendario de ese verano de 1969 y cuentan 21 días después del 18 de julio, podrían sorprenderse al encontrar el 8 de agosto, o 8/8/69. Ese fue el día en que la infame "Familia" de Charles Manson irrumpió en la casa de Sharon Tate en Los Ángeles, California, desatando los espeluznantes asesinatos de Tate-LaBianca.

♦ **¿Eras lo suficientemente mayor para presenciar esta locura sangrienta en televisión durante el verano de 1969? ¿Recuerdas haber visto a Charles Manson tallarse una esvástica en la frente?**

En los años posteriores, los asesinatos de Tate-LaBianca a menudo han sido vistos como el fin simbólico de la era de "Camelot," un término que se refiere a la visión idealizada de Estados Unidos durante la presidencia de John F. Kennedy. Ese período estuvo caracterizado por esperanza, progreso y la creencia en el Sueño Americano, pero terminó trágicamente con las imágenes de "Helter Skelter" pintadas en las paredes con la sangre de las víctimas de los macabros asesinatos de la Familia Manson.

La fascinación de Manson con "El bebé de Rosemary"

Charles Manson parece haber sido influenciado por la película de 1968 *El bebé de Rosemary*, dirigida por Roman Polanski, esposo de Sharon Tate. En el momento de su asesinato, Polanski estaba filmando en Italia mientras su esposa tenía 8 meses y medio de embarazo de su hijo. Rosemary fue interpretada por Mia Farrow, quien estuvo casada con Frank Sinatra entre 1966 y 1968.

En la película de Polanski, Rosemary también estaba embarazada de 8 meses y, finalmente, creía haber sido inseminada por el Diablo. Sharon Tate tenía dos asociaciones notables con *El bebé de Rosemary*: su embarazo en el tercer trimestre y su conexión con el director de la película.

En la primera noche en la casa de Los Ángeles, propiedad de Roman Polanski, Sharon Tate y otras cuatro personas—Jay Sebring, Abigail Folger, Wojciech Frykowski y Steven Parent—fueron brutalmente asesinadas. Parecía que Manson, el autor intelectual de los asesinatos, estaba siguiendo algún guion de Hollywood de baja categoría.

En la segunda noche, la casa de Leon y Rosemary LaBianca fue allanada, y ambos fueron asesinados por la Familia de Manson. En las semanas previas a su asesinato, Rosemary había llamado a la policía varias veces en extremo estado de angustia, convencida de que alguien había estado en su casa mientras ella y su esposo trabajaban en su tienda de comestibles. Informó que alguien había "reorganizado los muebles" y "dejado al perro en el patio." ¿Fue Charles Manson haciendo una "visita domiciliaria"?

◆ **¿Sabías que Manson estaba tratando de incitar una guerra racial? ¿Alguna vez lo escuchaste hacer esa afirmación?**

Charles Manson fue la primera persona que escuché en televisión llamar a una guerra racial. Obviamente, fue después de los asesinatos de Tate-LaBianca cuando afirmó que su objetivo al matar a personas blancas era culpar a las personas negras por hacerlo, y de esa manera desencadenar una guerra racial. Más tarde, Manson afirmó que había considerado dejar la billetera de Rosemary LaBianca en un vecindario negro, con la esperanza de que una mujer negra encontrara su tarjeta de crédito, la usara, y generara artículos de noticias falsas que engañaran a la gente para culpar a ese vecindario por los asesinatos.

Ahora, consideremos el nombre "LaBianca." ¿No se traduce como "los blancos"? Manson eligió a esa pareja para morir, como mínimo, debido a sus nombres y raza. Así que, Charles Manson era el verdadero racista, pero nunca he encontrado un solo demócrata que haya hablado negativamente de él.

¿Aumentó la CIA la obsesión de Manson con revivir el Sacrificio de la Virgen, llevándolo a programar los asesinatos de Tate-LaBianca 21 días después (**777**)? ¿Y quién le susurró al oído a Manson para que apuntara a *El bebé de Rosemary*?

◆ **En una última conexión entre Helter Skelter y el Sacrificio de la Virgen, ¿recuerdas los nombres de la madre y la hermana de Ted Kennedy?**

Su madre era Rose y su hermana mayor era Rosemary, quien fue sometida a una lobotomía por Joe Kennedy, lo que arruinó su vida para siempre.

¿Es posible que Ted Kennedy haya sido elegido para estar en el centro de la Crucifixión de Mary Jo por las mismas personas que seleccionaron a Charles Manson para celebrarlo con su Saludo de 21 Cañonazos a Satanás, ya que ambos jugaron un papel en sellar el destino del Camelot de los Kennedy?

El patrón **777** es críticamente importante para el Ocultismo. Por lo tanto, en los próximos capítulos, revelaré tres "Sieg Heils" de 21 Cañonazos al asesinato. Estos incluyen a Charles Manson y Helter Skelter, como acabas de leer, y dos más: el robo y sacrificio de una niña de 14 años, Joan Marie Dymond.

Huellas Digitales:
- 21 días después del Sacrificio de Mary Jo Kopechne, Manson anuncia su muerte con un Saludo de 21 Cañonazos a Satanás.
- Manson comenzó los asesinatos de Tate-LaBianca el 8/8/69, que se asocia con HH, Heil Hitler, y el Delmont 88.
- ¿Se asocia la esvástica en la frente de Charles Manson con los NAZI en la NASA?
- La fascinación de Manson con "Rosemary": Rosemary LaBianca, Sharon Tate, su embarazo y su conexión con *El bebé de Rosemary*.

CAPÍTULO 6

¿NASA ESTABA REFLEJANDO A MANSON?

Joann Marie "Joanie" Dymond era una inocente niña de 14 años en el Amanecer de la Era Espacial cuando fue secuestrada de las pacíficas calles de Wilkes-Barre, Pensilvania, el lugar de nacimiento de Mary Jo Kopechne. Desapareció el 25 de junio de 1969, exactamente 21 días antes del infame lanzamiento a la luna del 16 de julio de 1969, que hemos estado analizando.

◆ **¿El nombre "Joan Marie" te suena como el reflejo de "Mary Jo"?**

¿Es curioso que tanto Joan Marie como Mary Jo nacieran en Wilkes-Barre, Pensilvania, y que Chappaquiddick se encuentre al este de Wilkes-Barre? ¿Es este otro efecto espejo? ¿Qué está ocurriendo aquí?

Sus respectivas edades al momento de sus muertes también forman un reflejo. Joan Marie tenía 14 años, mientras que Mary Jo tenía 28. Ambas sirvieron como símbolos representativos de María, Madre de Cristo, y ambas llevaban el nombre "Mary".

Esta es la *Locura Matemática* detrás del incremento de 14 a 28:

- $1 \to 2$ (Siguiendo el Sistema Binario, una vez más)
- $4 \to 8$ (Siguiendo el Sistema Binario, una vez más)
- $14 \to 28$

Por lo tanto, es muy probable que ambos sacrificios, así como el lanzamiento a la luna, fueran planeados con anticipación. Parece que las nativas de Pensilvania, Mary Jo y Joan Marie, fueron objetivo desde hace mucho tiempo. Mary Jo parece haber sido vigilada, invitada y atraída hacia el Partido Demócrata para ser utilizada como un recipiente para sus propósitos oscuros. Pero, ¿qué hay de Joan Marie?

"Era una adolescente típica," dijo Suzanne Estock, hermana de Joanie, en una conferencia de prensa el 4 de octubre de 2022, según la afiliada de NBC, WBRE. "Era una niña dulce y no merecía lo que le ocurrió."

Los restos de Joan Marie fueron encontrados el 17 de noviembre de 2012, en los terrenos de una antigua operación minera de carbón en Newport Township, a menos de 12 millas de su hogar. Fueron descubiertos por personas que buscaban reliquias en una depresión llena de basura, según informes policiales.

Sus padres, George y Anne, fallecieron en 1984 y 2000, respectivamente, sin saber nunca qué había ocurrido con su hija. Más tarde, los investigadores pudieron identificar a Joan Marie Dymond utilizando ADN y muestras proporcionadas por su familia.

"Nunca dejamos de buscar respuestas, y esta investigación sigue muy activa," dijo el Capitán de la Policía Estatal de Pensilvania, Patrick Dougherty, en un comunicado.

La Oficina del Forense del Condado de Luzerne declaró la muerte de Joan Marie como un homicidio. Un examen determinó que los restos pertenecían a una mujer que murió en circunstancias sospechosas o de "juego sucio". Los resultados del laboratorio sugieren una alta probabilidad de que su muerte ocurriera a finales de la década de 1960.

Así que, mientras Charles Manson "celebraba" el Sacrificio de la Virgen de Mary Jo Kopechne con más derramamiento de sangre poco después, el lanzamiento del Apollo 11 por parte de la NASA parece haber sido una "celebración" del secuestro y probable sacrificio de otra representante de la Virgen María: Joan Marie Dymond. Ese lanzamiento histórico fue visto por aproximadamente 600 millones de personas en todo el mundo.

◆ ¿El lanzamiento a la luna estaba "maldito" en ambas direcciones? ¿O era América la que estaba maldita?

◆ ¿Comienzas a percibir la crueldad y la *Locura Matemática* de quienes han estado luchando por destruir a Estados Unidos todos estos años?

◆ ¿La Familia Criminal Extendida Biden estaba espiando a la inocente pequeña Joan Marie?

Confirmé que la latitud de Scranton-Wilkes-Barre, Pensilvania, se alinea con Chappaquiddick, donde Mary Jo Kopechne fue sacrificada. Esto sugiere que tanto Joe Biden como Mary Jo nacieron al oeste del lugar donde murió. Mary Jo parece haber sido secretamente guionada como la "Virgen María", sacrificada en el Amanecer de la Era Espacial. Pero, ¿también podría haber sido representada como la Bruja Malvada del Oeste?

◆ Hoy en día, los hombres también pueden ser "brujos."

¿Lo sabías? Mirando la Figura 10.2, ¿podría Joe Biden haber sido guionado como la Bruja Malvada del Oeste? JFK Jr. se estrelló aproximadamente 7.5 millas al oeste de Martha's Vineyard. A unas 28 millas al oeste de Chappaquiddick, aparece el mismo número nuevamente. ¿Coincidencia? Mary Jo tenía 28 años cuando fue sacrificada, y los ocultistas que asesinan según los números están fascinados por el 28 y el 88—como HH, el Delmont 88 y el 8/8.

Joan Marie Dymond salió a caminar después de una cena familiar esa noche de junio de 1969, sin tener idea de que sería arrastrada a una guerra que posiblemente llevaba miles de años librándose. Con solo 14 años, tal vez ni siquiera sabía que había programado un próximo lanzamiento a la luna 21 días después, mucho menos que este evento invadiría y terminaría con su sencilla vida.

Huellas Digitales:
- Nombres en Espejo: Mary Jo frente a Joan Marie.
- Ubicaciones en Espejo: Mary Jo (Este) frente a Joan Marie (Oeste) en la misma latitud exacta.
- Edades en Espejo: Joan Marie (14 años) frente a Mary Jo (28 años).
- Saludos de 21 Cañonazos en Espejo: Joan Marie fue secuestrada 21 días ANTES del lanzamiento del Apollo 11 frente a Helter Skelter, que comenzó 21 días DESPUÉS del sacrificio de Mary Jo Kopechne, el Espejo de Joan Marie Dymond.

CAPÍTULO 7

JFK, EL PARABRISAS Y LA LOMA CUBIERTA DE CÉSPED

George Whitaker Sr., un gerente senior en la planta Ford Rouge en Detroit, compartió un relato revelador en 1993 durante una conversación grabada con el abogado Doug Weldon y un profesor de Justicia Criminal. Whitaker afirmó que cuando llegó al trabajo el lunes 25 de noviembre de 1963, solo tres días después del asesinato, la limusina presidencial—un Lincoln—ya tenía el interior desmontado, y el parabrisas estaba desaparecido. Un vicepresidente de Ford asignó a Whitaker supervisar el reemplazo del parabrisas, instruyéndolo a usar el parabrisas dañado como plantilla, ya que era una pieza única.

◆ **¿Quién disparó una bala al parabrisas de la limusina de JFK?**

Whitaker declaró: "Y el parabrisas tenía un agujero de bala que venía desde el exterior hacia adentro... era un agujero de bala limpio, bien hecho, directo, desde el frente. Y puedes saber, cuando una bala golpea el parabrisas, como cuando una piedra golpea, ¿qué pasa? La parte trasera se astilla y la parte delantera puede tener solo un pequeño agujero... este tenía un agujero redondo limpio en la parte delantera y fragmentación saliendo por la parte trasera."

La Teoría de la Bala Única promovida por la Comisión Warren afirma que una bala golpeó a JFK por detrás, salió de su cuerpo y luego hirió al gobernador de Texas, John Connally. Esta teoría, que sostiene que una sola bala causó múltiples heridas, ha sido desacreditada por expertos y rechazada por muchos debido a las inconsistencias en las trayectorias de las balas y las ubicaciones de las heridas.

Mientras tanto, numerosos testigos presenciales informaron haber visto tiradores en la Loma Cubierta de Césped apuntando al Lincoln. Muchos incluso escucharon disparos provenientes de esa dirección, pero estos testimonios fueron rápidamente descartados, y quienes hablaron fueron etiquetados como "Teóricos de la Conspiración" y finalmente silenciados.

Este capítulo se conecta con el Capítulo 1, que desacreditó la "Narrativa Oficial" de que Lee Harvey Oswald actuó como el único tirador. También argumentó que Oswald no pudo haber disparado ni un solo tiro ese día, ya que no tenía residuos de pólvora en las manos. Una vez que consideras las pruebas de tiradores en la Loma Cubierta de Césped y la medida en que el gobierno eliminó pruebas cruciales de la limusina, queda claro que el presidente John F. Kennedy fue asesinado por operativos que trabajaban para el gobierno de los Estados Unidos.

La fecha en que JFK fue asesinado, 22/11/63, forma el inicio del Sistema Binario, discutido en el capítulo "El Poder de los Dos", que abarca 1, 2, 4, 8, 16. Y números como 63 y 36 son reverenciados en círculos satánicos porque 3-6s representan 666.

Nota cómo el "3" se omite. De manera similar, se omite el 33 en el patrón 11, 22, 44, 88, con el 11 y el 22 relacionados con JFK, el 44 representado por el asesinato de Martin Luther King, Jr. el 4/4/68. Nota que se omitió el número 33. Luego el número 88 está representado por el Delmont 88, el auto en el que Mary Jo Kopechne murió en la isla de Chappaquiddick.

Una vez más, todos los asesinatos en *The Camelot Murders* tienen una conexión extraña con este Sistema Binario. Es el asesinato reflejo de Joan Marie Dymond, de 14 años, la mitad de la edad de Mary Jo Kopechne, de 28 años, lo que muestra que estos asesinos estaban dejando huellas digitales, y no por coincidencia.

Huellas Digitales:

- La fecha del asesinato de JFK Sr., el 22/11/63, forma los dos primeros números al inicio del Sistema Binario, como se mencionó anteriormente: 11, 22, 44, 88.

CAPÍTULO 8

AMELOT PERDIDO: EL TRÁGICO FINAL DE JFK JR.

El término "Camelot" se utiliza a menudo para describir la presidencia de Kennedy a principios de la década de 1960, simbolizando esperanza, energía juvenil e idealismo. Cuando John F. Kennedy Jr. fue sepultado en el Cementerio Nacional de Arlington, cerca de su padre, el presidente John F. Kennedy, y su tío, Robert F. Kennedy, parecía que las esperanzas de un regreso a Camelot fueron enterradas junto a él.

El "pequeño John John" conquistó el corazón de América cuando la revista *Life* presentó una icónica imagen del niño de tres años saludando por última vez a su padre fallecido durante el funeral de JFK. Décadas después, el 16 de julio de 1999, el avión de JFK Jr. se estrelló en el Océano Atlántico cerca de Martha's Vineyard, matándolo a él, a su esposa Carolyn Bessette Kennedy y a su cuñada Lauren Bessette.

Existe una coincidencia inquietante en esta tragedia: ocurrió exactamente 30 años después del lanzamiento a la luna de su padre el 16 de julio de 1969. Este lanzamiento, un evento crucial en la Carrera Espacial, envió a Neil Armstrong, Michael Collins y Edwin Aldrin a la Luna, donde Armstrong declaró: "Es un pequeño paso para un hombre, pero un gran salto para la humanidad."

La importancia de esta fecha se vuelve aún más intrigante al considerar que el 16 de julio también marcó el fin de otra dinastía política: los Romanov. El 16 de julio de 1918, el Zar Nicolás II y su familia fueron masacrados por los bolcheviques bajo órdenes directas de una fuente inesperada, poniendo fin brutalmente a su reinado de 300 años. El destino particularmente violento del único hijo del Zar, visto como un posible punto de unión para restaurar la monarquía, guarda una inquietante similitud con el posible futuro de JFK Jr.

Lo que resulta llamativo sobre la masacre del Zar Nicolás II y su familia son las conexiones con Jacob Schiff, un banquero y empresario de la administración de Woodrow Wilson. Aunque no está ampliamente documentado, un investigador en 1922 descubrió mensajes telegráficos que implicaban a Schiff en la masacre. Según estos registros, un mensaje del gobierno de Estados Unidos a Lenin ordenó la ejecución de la familia del Zar, con un comando explícito de "pisar el cráneo del niño."

Si el joven heredero hubiera sobrevivido, el pueblo ruso—muchos de los cuales ya detestaban el bolchevismo—habría tenido un punto de unión para oponerse al Ejército Rojo. Sin embargo, con su muerte, cualquier esperanza de un regreso de los Romanov fue extinguida. Esto plantea la inquietante pregunta: ¿Qué tan profundamente estuvo involucrado el Partido Demócrata de América en apoyar el bolchevismo?

¿Alguien "pisó metafóricamente el cráneo" de John F. Kennedy Jr., asegurándose de que su avión nunca llegara a Martha's Vineyard esa noche? El 16 de julio de 1999, la dinastía Kennedy parecía tan muerta como la de los Romanov, su final ocurriendo en la misma fecha, 81 años antes, el 16 de julio de 1918.

Surge un patrón curioso con esta fecha. El 16 de julio ha sido un punto de inflexión a lo largo de la historia. La Prueba Nuclear Trinity, que marcó el inicio de la Era Nuclear, tuvo lugar el 16 de julio de 1945. El lanzamiento a la luna, que señalaba el comienzo de la Era Espacial, ocurrió el 16 de julio de 1969. La muerte del joven Romanov señaló el inicio de la Era del Bolchevismo.

No es exagerado decir que el fin de Camelot coincidió con el fin de la "era dorada" de Estados Unidos, cuando el siglo XX llegó a su fin.

Huellas Digitales:

- El 16/07/1999, el avión de JFK Jr. se estrelló, 81 años DESPUÉS del 16/07/1918, día en que Vladimir Lenin masacró al Zar Nicolás II y a su familia Romanov. Jacob Schiff ordenó a Lenin "pisar el cráneo" del niño más joven, el único que podría haber restaurado la Dinastía y el Reinado de 300 años y poner fin a la toma bolchevique.

- El 16/07/1999, el avión de JFK Jr. se estrelló, 30 años DESPUÉS del 16/07/1969, día del lanzamiento del Apollo 11, que había sido impulsado por su propio padre, JFK Sr.

- El avión de JFK Jr. se estrelló a unas 7.5 millas al oeste de Martha's Vineyard, un lugar curioso para morir, a 28 millas al oeste de Chappaquiddick. Es como si el avión no pudiera cruzar la Línea Biden-Kopechne, que se extiende de este a oeste desde Chappaquiddick hasta Scranton-Wilkes-Barre.

- Como se discutió anteriormente, la edad de Mary Jo—28—puede ser interpretada por satanistas como dos ochos, formando el número 88, el Delmont 88, que también se asocia con el Delmont 88, "HH" y Heil Hitler. Como ha demostrado este libro, su lógica retorcida sigue un siniestro patrón de Locura Matemática

CAPÍTULO 9
¡MARILYN MONROE – ASESINADA!

La cautivadora estrella de la pantalla grande, Marilyn Monroe, sigue ocupando un lugar especial en los corazones de los estadounidenses, aunque sus películas más queridas—como *Some Like It Hot* (*Una Eva y Dos Adanes*), *The Seven Year Itch* (*La Comezón del Séptimo Año*) y *Gentlemen Prefer Blondes* (*Los Caballeros las Prefieren Rubias*)—rara vez se transmiten hoy en día. Durante las décadas de 1950 y principios de 1960, encarnó el ideal glamoroso de la feminidad en Hollywood mientras conectaba profundamente con el público a un nivel humano. Su deslumbrante belleza, su icónica melena rubia platinada y su figura curvilínea contribuyeron a actuaciones inolvidables que han resistido la prueba del tiempo. Sin embargo, son las trágicas circunstancias que rodearon su prematura muerte las que siguen generando discusiones y especulaciones, dejando a muchos preguntándose la verdadera historia detrás de su partida de este mundo.

La causa oficial de la muerte de Marilyn Monroe se registró como envenenamiento agudo por barbitúricos debido a una sobredosis de pastillas para dormir, y su muerte fue considerada como un probable suicidio. Sin embargo, millones de estadounidenses albergaban serias dudas, cuestionando si alguien con tanto éxito y pasión, alguien con tanto por vivir, podría haber escondido un nivel de depresión lo suficientemente profundo como para acabar con su propia vida. Yo, como muchos otros, cuestioné esta narrativa.

Como tal vez recuerdes, mi primera sospecha surgió al ver el famoso clip de Marilyn cantando *"Happy Birthday Mr. President"* a John F. Kennedy para su cumpleaños número 45. En ese momento, no tenía una razón específica para pensar que había sido asesinada.

Luego, vi una versión más larga del mismo clip, que reveló más detalles.

Era la misma presentación en el Madison Square Garden que probablemente has visto muchas veces. La escena comenzaba con un gran telón negro detrás de un escenario, un pequeño podio y un micrófono. El maestro de ceremonias hablaba con una voz potente, pero no era visible. Estaba fuera de cámara o tal vez detrás del telón. Resultó ser Peter Lawford, miembro del *Rat Pack*, que incluía a Frank Sinatra, Dean Martin y otros. Lawford también era cuñado de JFK. A lo largo de la noche, Lawford hizo una broma recurrente, presentando a Monroe varias veces, solo para que ella no apareciera en el escenario y bromeando que estaba retrasada. Cuando finalmente apareció, la presentó como *"la difunta Marilyn Monroe."*

◆ **¿La difunta Marilyn Monroe?**

Me pregunté: ¿no es así como introduces a una "mujer muerta en vida"? ¿Estaba Peter Lawford maldiciendo a Marilyn Monroe? ¿Fue una broma del *Rat Pack* o algo más siniestro?

Curiosamente, esta presentación tan famosa fue, de hecho, la última de su carrera, solo unos meses antes de su muerte. Esa noche realmente era una "mujer muerta en vida."

Este evento coincidió con una fecha significativa: el 19 de mayo, el cumpleaños de figuras como Ho Chi Minh, Malcolm X y otros vinculados a la Organización Comunista del 19 de Mayo (*May 19th Communist Organization*, M19CO), un grupo marxista. El periodista de investigación Joel Gilbert incluso afirma que Barack H. Obama fue miembro de esta organización.

Luego noté otro patrón: la fecha de muerte de Marilyn—el 4 de agosto de 1962—contiene los números 8/4/62, que encajan perfectamente en el Sistema Binario que describí anteriormente: 1, 2, 4, 8, 16.

Según múltiples testigos, Robert F. Kennedy Sr. estuvo presente en el apartamento de Monroe el día de su muerte. Algunos ven esto como prueba de que los Kennedy estuvieron detrás de su asesinato. La teoría sugiere que los hermanos podrían haber preferido asesinar a una amiga cercana y amante antes que arriesgarse a una exposición. ¿Realmente valía la pena ese riesgo para encubrir una relación que ni siquiera era tan escandalosa? ¿Que un hombre tuviera una aventura con una mujer considerada una de las más bellas del mundo?

La cuestión de si el gobierno de los Estados Unidos estuvo involucrado en su muerte es independiente de si JFK o RFK tuvieron una relación con ella. La evidencia sugiere fuertemente que al menos uno de ellos sí lo hizo. Y si RFK estuvo presente esa noche, como afirman algunos testigos, esto no lo implica directamente en su asesinato. Aquellos que conocían a los Kennedy creen en su corazón que Marilyn pudo haber recurrido a Robert Kennedy en su hora más oscura.

Para contexto, JFK Sr. fue asesinado el 22/11/63. Números como 63 y 36 son venerados en círculos satánicos porque tres 6 representan 666. El patrón—11, 22, 44—comenzó con el asesinato de JFK Sr., omitió el 33 y continuó con la muerte de Martin Luther King Jr. el 4/4/68. Sumemos el "Sacrificio de la Virgen" de Mary Jo Kopechne, el Delmont 88, y obtenemos 11, 22, 44, 88, números vinculados a la Numerología Nazi y la CIA.

Recuerda, fue JFK quien dijo célebremente: *"Destrozaré la CIA en mil pedazos y las esparciré al viento."* Esto explica por qué la CIA pudo haber deseado la muerte de ambos hermanos Kennedy.

RFK Sr. fue asesinado el 5/6/68, exactamente 408 días antes del "Sacrificio de la Virgen" de Mary Jo Kopechne en el amanecer de la Era Espacial. Mary Jo fue asistente de RFK hasta el día de su muerte. El patrón binario entonces demuestra, "para aquellos que pueden ver," que el asesinato de Mary Jo Kopechne no fue un evento aislado.

Estas son algunas de las razones por las que creo que la muerte de Marilyn Monroe no fue un suicidio, sino un asesinato. Luego descubrí el trabajo de Bill Bixby titulado *"The Marilyn Files"*, que se estrenó en CBS el 4/8/1992, el 30 aniversario de la cuestionable muerte de Marilyn Monroe.

Quizás recuerdes a Bill Bixby de *"Mi Marciano Favorito"* o *"El Increíble Hulk"*. Pero en *"The Marilyn Files"*, está completamente serio. Si tienes dudas sobre si Marilyn Monroe fue asesinada, mira este documental.

Después de 62 años: ¡Todavía un ASESINATO!

Lo que descubrirás por primera vez es un patrón escalofriante de eventos inexplicables que rodearon la noche de la muerte de Marilyn Monroe. Verás encubrimientos sistemáticos por parte de numerosas organizaciones, incluidos los mismos investigadores, y evidencia clara que apunta a un asesinato.

Para profundizar en esto, mira *"The Marilyn Monroe Files - 1992 Live Television Special"* en YouTube. A continuación, proporcionaré algunos puntos clave del documental para demostrar por qué creo firmemente que Marilyn Monroe fue asesinada.

Resultados de la autopsia: Impactantes discrepancias

Causa de muerte: Envenenamiento agudo por barbitúricos (4.5 mg %)

Hallazgos: No había rastros de pastillas para dormir en el estómago.

Según el informe de la autopsia, Marilyn sufrió una sobredosis de pentobarbital, el ingrediente activo de las cápsulas de Nembutal, un tipo de pastilla para dormir. Aunque se encontraron frascos de pastillas vacíos en su mesita de noche, no había vasos de agua ni evidencia de un método que pudiera haber usado para ingerir las pastillas. Los análisis de sangre sugirieron que consumió el equivalente a 47 pastillas, pero su estómago no contenía rastros de cápsulas sin digerir, algo que los expertos médicos consideran imposible.

Testimonio de testigos: La impactante declaración de James Hall

James Hall, un conductor de ambulancia, afirmó bajo examen de polígrafo que estuvo presente esa noche y presenció cómo el psicólogo de Marilyn, el Dr. Ralph Greenson, le inyectó una gran aguja directamente en el corazón. Hall creía que la inyección causó su muerte por envenenamiento con pentobarbital, lo cual era evidente porque no había rastros de la droga en su hígado, un signo revelador de que murió casi de inmediato tras la inyección.

Acciones cuestionables del Dr. Greenson

El relato del Dr. Greenson sobre esa noche solo añade confusión. Afirmó que al llegar encontró la puerta del dormitorio de Marilyn cerrada con llave y que tuvo que romper una ventana para entrar. Sin embargo, el vidrio roto se encontró fuera de la casa, lo que sugiere que la ventana fue rota desde el interior, una discrepancia importante que pone en duda la validez de su declaración y su posible implicación.

Testimonio de Natalie Jacobs

Natalie Jacobs, viuda del agente de prensa de Marilyn, Arthur P. Jacobs, proporcionó otro inquietante relato: *"Ha habido un gran problema en la casa de Marilyn Monroe y necesitamos que vengas de inmediato."* Su esposo salió inmediatamente y no lo vio durante tres días. Cuando regresó, se negó a hablar de nada, diciendo solo: *"No quiero hablar de ello. Es tan horrible que no lo creo. No creo que se haya suicidado."*

Llamado a reabrir el caso

Basados en estas revelaciones, Bill Bixby y un panel de expertos legales en *"The Marilyn Monroe Files"* instaron a los espectadores a exigir el nombramiento de un fiscal especial para reabrir la investigación. Sin un plazo de prescripción para el asesinato, ahora es el momento de buscar justicia.

Huellas Digitales:

- Marilyn Monroe cantó *"Happy Birthday Mr. President"* el 19 de mayo de 1962, en la última presentación de su vida. Ese día quedó marcada como una "mujer muerta en vida."
- Su presentación, el 19 de mayo de 1962, coincide con los cumpleaños de Ho Chi Minh, Malcolm X, Kathy Boudin, y más, así como con la Organización Comunista del 19 de Mayo (*May 19th Communist Organization*, M19CO), de la cual se afirma que Barack H. Obama fue miembro.
- Marilyn Monroe fue asesinada el 4 de agosto de 1962. 8/4/62 encaja en el Sistema Binario, 1, 2, 4, 8, 16, lo que hace que su asesinato sea consistente con el patrón aparentemente utilizado por la CIA en otros *The Camelot Murders*.

CAPÍTULO 10

¿LA CRUCIFIXIÓN DE MARY JO?

Cincuenta y cinco años después del celebrado alunizaje de América, todavía hay quienes afirman que fue un engaño. Esta creencia persiste a pesar de una abundancia de evidencia fotográfica y en video, 842 libras de material lunar auténtico y el seguimiento global por operadores de radioaficionados, incluidos científicos rusos, que siguieron el viaje del Apollo 11. Sin embargo, este libro, *The Camelot Murders*, es el primero en revelar los tonos satánicos de ese mismo lanzamiento.

El verdadero engaño, sin embargo, no fue el alunizaje, sino la afirmación de que Ted Kennedy conducía la noche en que Mary Jo Kopechne murió. Como un Kennedy prominente, pertenecía a una clase protegida y era considerado el futuro del Partido Demócrata. Ted salió de esa noche trágica sin un solo rasguño o moretón, luciendo perfectamente bien para competir en la regata de Edgartown al día siguiente. En última instancia, recibió solo una leve sanción por "abandonar la escena de un accidente". Pero, ¿y si sus verdaderos crímenes fueran mucho más allá de esto? ¿Y si estuvo involucrado en un complot premeditado para terminar con la vida de Mary Jo?

Dado que su muerte ocurrió bajo el signo zodiacal de Cáncer—en agua mojada y fría—, ¿no sería apropiado describir a quienes planearon su sacrificio como Asesinos del Zodiaco?

A lo largo de este libro, las interconexiones entre diferentes asesinatos ayudan a desentrañar la matriz de huellas digitales que contradicen la narrativa demasiado elaborada de que Ted Kennedy accidentalmente condujo fuera del puente Dike. Esa historia—que describe a un Kennedy posiblemente borracho o mujeriego—es, como dicen, "demasiado perfecta para ser verdad." Parece más bien algo escrito en la Costa Oeste, tal vez en Hollywood.

Alguien más debió haber estado conduciendo esa noche. Alguien trabajando para el gobierno de los Estados Unidos—altamente entrenado en conducción acrobática, un asesino entrenado, lo suficientemente frío como para dejar a una mujer morir en el fondo del estanque Poucha.

Mientras lees este capítulo, entenderás por qué creo que estos asesinatos de Camelot parecen ser parte de un guion sangriento más grande de Hollywood—uno que comenzó con la muerte de Marilyn Monroe, la Reina de Hollywood, luego, después de Chappaquiddick, regresó a Hollywood con los asesinatos Tate-LaBianca, específicamente el asesinato de Sharon Tate, la esposa de Roman Polanski, director de *El bebé de Rosemary*. ¿Comenzó en Hollywood y terminó en Hollywood?

Ahora, hablemos de los Gemelos Sangrientos, los Saludos de 21 Disparos "Sieg Heil" al Asesinato, y cómo respaldan los argumentos expuestos en *The Camelot Murders*, resolviendo los casos más fríos de los mencionados anteriormente.

Huellas Digitales: ¿La NASA anunciando el sacrificio de Joan Marie Dymond?

- El primer Saludo de 21 Disparos involucró a una niña de 14 años, Joan Marie Dymond, nacida en Wilkes-Barre, Pensilvania. Para las Huellas Digitales relacionadas con el sacrificio de Joan Marie, consulta las Huellas Digitales del Capítulo 6.

El segundo Saludo de 21 Disparos, relacionado con Charles Manson, parece haber sido diseñado para contrarrestar el saludo al sacrificio de Joan Marie Dymond, simbolizando "Anunciar la Crucifixión de Mary Jo." En este contexto, Mary Jo Kopechne representa a la "Virgen María," Madre de Jesucristo.

Mary Jo fue sacrificada bajo el signo zodiacal de Cáncer en julio, representado por el Triángulo de Agua—un triángulo invertido con elementos que simbolizan Agua, Frío y Húmedo. Este simbolismo astrológico probablemente sirvió como inspiración para el guion estilo Hollywood que condujo a la trágica muerte de Mary Jo. El método de su muerte fue predeterminado, incluso antes de elegir una ubicación para el puente y de que Ted Kennedy fuera presentado como el falso villano en esta macabra narrativa.

Huellas Digitales: Anunciando la Crucifixión de Mary Jo:

- El segundo Saludo de 21 Disparos involucró a Charles Manson anunciando la Crucifixión de Mary Jo. Para las Huellas Digitales relacionadas con el sacrificio de Mary Jo Kopechne, consulta las Huellas Digitales del Capítulo 5.
- Signo zodiacal de Cáncer y el Triángulo de Agua, guionado para la muerte de Mary Jo en Agua, Frío, Mojado, como el guion de *El mago de Oz*, donde la Bruja Malvada del Oeste se derrite cuando es empapada en Agua, Frío, Mojado.

Marys Interminables

Este capítulo se titula "La Crucifixión de Mary Jo" por una razón. Mary Jo Kopechne fue presentada como un sustituto simbólico de María, la madre de Jesucristo, para ser sacrificada como una virgen al amanecer de la Era Espacial. Fue un ataque despiadado al cristianismo por parte del Ocultismo, lo que explica por qué la verdad ha permanecido oculta durante tantos años.

Llevar a cabo este sacrificio humano no fue una hazaña menor. Requirió que Ted Kennedy soportara en silencio la culpa pública, sin proclamar jamás su inocencia. Mientras tanto, los medios promovieron un guion al estilo de Hollywood que presentó la culpabilidad de Ted Kennedy como la única narrativa plausible, asegurando que nunca se realizaría una investigación real.

Los perpetradores incluso llegaron a secuestrar y asesinar a una joven de Pensilvania con un nombre que reflejaba el de Mary Jo: Joan Marie Dymond. El nombre "Marie" también deriva de "Mary," y, al igual que Mary Jo, Joan Marie nació en Scranton-Wilkes-Barre.

A continuación, se presenta una lista de las Marys que también fueron "crucificadas" por los orquestadores de *The Camelot Murders*:

- Mary Jo Kopechne
- Joan Marie Dymond
- Marilyn Monroe
- Rosemary LaBianca
- Sharon Tate (interpretando el papel de la embarazada Rosemary en *El bebé de Rosemary*)

¿No resulta intrigante que Ted Kennedy haya jugado un "papel protagónico" en esta trágica representación y que el nombre de su hermana también fuera Rosemary (abreviatura de Rose Marie)?

Chappaquiddick – Una Producción de Hollywood

El arco completo del Sacrificio Oculto de Mary Jo y las otras "Marys" se asemeja a una gran producción de Hollywood. Comenzó con el asesinato de Marilyn Monroe en 1962, cobró las vidas de tres figuras icónicas de Camelot—JFK Sr., MLK Jr. y RFK Sr.—y luego regresó a Hollywood con los espeluznantes asesinatos de Helter Skelter. Los actos finales fueron los asesinatos de Sharon Tate, la esposa embarazada de Roman Polanski, director de *El bebé de Rosemary*, y Rosemary LaBianca.

Surge la pregunta: ¿Fue el nombre "Helter Skelter" otro cuchillo cruel al corazón de Camelot? Después de todo, era un álbum de The Beatles, cantado por Paul McCartney, con John Lennon, el pacifista definitivo, en el bajo y los coros.

¿Es extraño que la canción estuviera en el *White Album* y que luego se supiera que Charles Manson intentaba "iniciar una guerra racial"?

¿Los mismos asesinos que entrenaron a Charles Manson también prepararon a Mark David Chapman para aparecer como otro "pistolero solitario loco"?

◆ **¿Fue el título de la serie de ABC *Los Ángeles de Charlie* un sutil guiño a la ideología política de Charles Manson y su "Familia"? ¿Has visto alguna vez a un demócrata condenar públicamente la violencia de Helter Skelter? (Yo no.)**

Chappaquiddick como una Obra Guionada

Chappaquiddick fue simplemente una escena en una obra más grande que llamo *The Camelot Murders*. La muerte de Mary Jo Kopechne fue orquestada como un Asesinato del Zodiaco, lo que explica la confusión y las contradicciones inherentes de la historia. Cuando se observa a través del lente de Hollywood y el cine, queda claro que Chappaquiddick no fue más que un guion mal escrito, elaborado por oscuros y demoníacos enemigos del cristianismo y de América.

◆ **Pero, ¿cuáles son los orígenes de este guion?**

El Paralelismo con El mago de Oz

¿Podría ser que los guionistas detrás del sacrificio de Mary Jo estuvieran creando una retorcida pieza de arte interpretativo similar a la película musical de fantasía de 1939 *El mago de Oz*? La Malvada Bruja del Oeste, interpretada por Margaret Hamilton, aterrorizaba a las jóvenes audiencias, especialmente en las escenas con sus monos voladores.

Dorothy finalmente derrota a la Bruja Malvada al empaparla con agua, lo que provoca que la Bruja grite: "¡Me derrito!" y se disuelva. El agua se describe como "fría," lo que significa que la Bruja fue neutralizada por "Agua Mojada y Fría," al igual que Mary Jo Kopechne.

Es casi como si Mary Jo hubiera sido guionada para encarnar tanto a "María, Madre de Jesús," como a la "Malvada Bruja del Oeste," al mismo tiempo, porque Mary Jo nació literalmente al oeste de Chappaquiddick.

◆ **¿Por qué a Mary Jo y sus cinco compañeras de trabajo de la campaña presidencial de RFK en 1968 se las apodó "Las Chicas de la Sala de Calderas"? ¿Has escuchado ese término antes?**

Es sospechoso que este término apareciera en relación con la muerte de Mary Jo, posiblemente "inyectado en el discurso" incluso antes del asesinato de RFK.

¿Qué tan comprometido estaba Hollywood en seguir este guion para Chappaquiddick? Tú decides.

El Saludo Vulcano y la Conexión Zodiacal

Quizás recuerdes el Saludo Vulcano de *Star Trek*, que se emitió por primera vez en 1966. ¿Notas algo extraño en el gesto de la mano? ¿Algún significado oculto?

Mary Jo fue sacrificada dos días después del lanzamiento lunar y dos días antes del alunizaje. Murió exactamente en el centro. ¿Podría el Saludo Vulcano, introducido en 1966, haber sido una pista sobre cómo Mary Jo encontraría su destino? Para 1966, *The Camelot Murders* ya estaban en marcha, con Marilyn Monroe y JFK fuera, y más víctimas por venir.

El gesto se asemeja a una "V" mayúscula, pero ¿no hay dos "V"? Una podría representar Vulcano, pero ¿podría la otra significar Virgen?

Figura 10.1: El Saludo Vulcano

El Partido Demócrata, junto con algunos Falsos Republicanos, enfrentaba un dilema insuperable. Por más que intentaran detener a la dinastía Kennedy, no podían derrotarlos en las urnas. El encanto de Camelot era auténtico y tenía el potencial de elevar a John F.

Kennedy, Jr. al Senado de los Estados Unidos y, eventualmente, a la Casa Blanca. Aquellos que se oponían a Camelot y al cristianismo mismo recurrieron, en cambio, al cañón de un arma. Sin embargo, su siniestro plan dependía de una condición crucial: nunca, jamás, ser expuestos. Pero con ningún estatuto de limitaciones sobre el asesinato, aún queda esperanza. El Partido Demócrata actual está construido sobre los mismos huesos de Camelot—un legado sangriento que ellos mismos crearon y destruyeron en su despiadada búsqueda de poder.

Por eso escribí *The Camelot Murders* – Y LA CRUCIFIXIÓN DE MARY JO, un libro que resuelve los casos más fríos y arroja nueva luz sobre la oscura historia que han mantenido enterrada—hasta ahora.

—Robert J. Antonellis

Mary Jo y el Saludo Vulcano

Mary Jo Kopechne fue sacrificada exactamente dos días después del lanzamiento lunar y dos días antes del alunizaje—justo en el medio de este evento histórico. Este momento parece casi simbólico, como si fuera parte de un guion mayor. ¿Podría el Saludo Vulcano, introducido en 1966 en *Star Trek*, haber sido una pista? Para 1966, *Los Asesinatos de Camelot* ya estaban en marcha, con Marilyn Monroe y JFK muertos, y más por venir.

Observa más de cerca el gesto: los dedos forman una "V" mayúscula—pero ¿no hay dos "V"? Una seguramente representa a Vulcano. ¿Podría la otra representar a la Virgen, como en la Virgen María?

Este capítulo profundiza en los significados simbólicos, vinculándolos a fuerzas oscuras que ejecutan un guion secreto y muy siniestro.

La Conexión de Joe Biden con Pensilvania

Justo cuando pensabas que sabías todo sobre Joe Biden, surge una nueva y desconcertante conexión. La ciudad natal de Biden, Scranton-Wilkes-Barre, Pensilvania, también es el lugar de nacimiento de Mary Jo Kopechne y Joan Marie Dymond—víctimas intrínsecamente vinculadas a *The Camelot Murders*.

Geográficamente, la vida de Mary Jo comenzó en el oeste (Scranton-Wilkes-Barre, Pensilvania) y terminó en el este (Chappaquiddick, Massachusetts). Esta alineación se muestra en la Figura 10.2 y se discute en relación con la Geometría Sagrada. Las ubicaciones forman una línea simbólica, enfatizando su papel como figura sacrificial en una narrativa oculta mucho más grande.

Examinemos más de cerca estas conexiones y exploremos cómo la vida de Biden se cruzó con esta oscura y oculta historia.

LA GEOMETRÍA SAGRADA DE JOE BIDEN

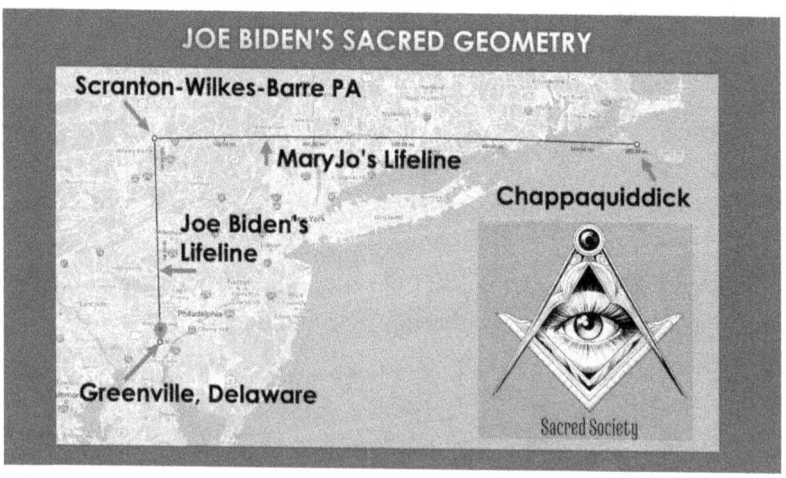

Figura 10.2 Joe Biden y la Geometría Sagrada

La Regla y el Compás: El Lado Oscuro de la Geometría Sagrada

La Regla y el Compás son símbolos comúnmente asociados con la Masonería y otras sociedades secretas. El compás representa los límites de la moralidad, guiando las acciones de una persona, mientras que la regla (o escuadra) simboliza la equidad, la verdad y la virtud. Pero ¿cuál es el lado oscuro de lo que ellos llaman "Geometría Sagrada"?

Examinemos la conexión entre la línea de vida de Joe Biden y la de Mary Jo Kopechne. Usando la Figura 10.2, vemos que la línea de vida de Joe Biden comienza en Scranton, Pensilvania (Norte), donde nació, y se extiende hacia Greenville, Delaware (Sur), donde se espera que se retire y muera. La Figura 10.3 destaca un descubrimiento sorprendente: el punto medio de la línea de vida de Biden cruza por Belén, Pensilvania—simbólicamente vinculado al lugar de nacimiento de Jesucristo—y Nazaret, Pensilvania, reflejando las ciudades asociadas con las vidas de Jesús, María y José.

¿Es mera coincidencia que esta alineación sagrada de lugares forme el "Centro Muerto" de la línea de vida de Joe Biden? ¿O es parte de una agenda oculta de las sociedades secretas para burlarse y profanar el simbolismo religioso del cristianismo?

JOE BIDEN Y LA VERDADERA VIRGEN MARÍA

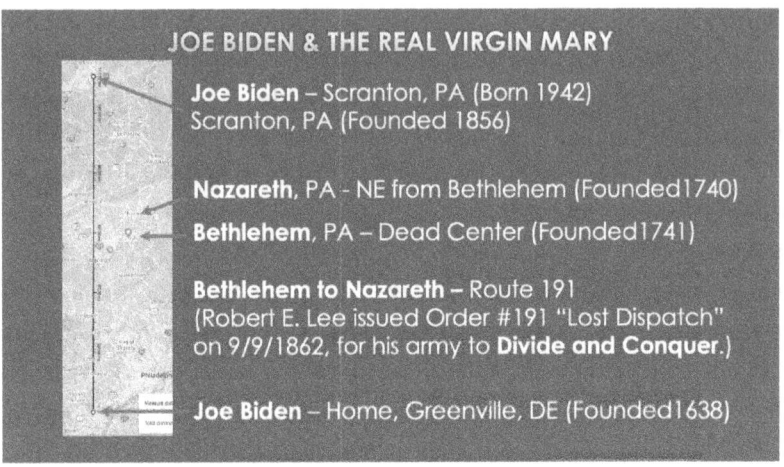

Figura 10.3 Joe Biden y la verdadera "Virgen María"

La línea de vida de Joe Biden y su significado simbólico

Si divides la distancia a lo largo de la línea de vida de Joe Biden, encontrarás que Belén, Pensilvania—que claramente alude a Belén, el lugar de nacimiento bíblico de Jesucristo—está situado exactamente en el punto medio. A solo 8 millas de distancia está Nazaret, Pensilvania, nombrado en honor a la ciudad donde vivió Jesús. Parece que estas ciudades fueron posicionadas con una intención deliberada, sin dejar lugar a confusiones para las generaciones futuras.

El odio hacia el cristianismo es antiguo y precede incluso al nombramiento de estas ciudades en Pensilvania, que fueron establecidas a principios de 1700. Por lo tanto, la muerte de Mary Jo Kopechne parece haber sido parte de un plan de larga data, concebido hace mucho tiempo.

La vida de Joe Biden parece haber sido preordenada por sociedades secretas, con la intención de profanar el cristianismo y burlarse de Jesucristo y Su Sagrada Madre, María. Los padres de Joe Biden comenzaron su vida en Scranton, una ciudad seleccionada con un significado simbólico, asegurando que Joe sería tomado en serio por aquellos que entienden esta agenda oculta y maligna. Más tarde, Biden eligió Greenville, Delaware, como su hogar para crear una línea perfectamente vertical, reflejando la línea de vida de Mary Jo Kopechne.

Si nunca se te ocurrió que los nombres de ciudades y los números de carreteras a veces fueron seleccionados por un poder invisible con una agenda oscura, considera la Figura 10.4. Revela que las ciudades de Pensilvania, Belén y Nazaret, están conectadas por la Ruta 191, que tiene el significado oculto de "Dividir y Conquistar."

¿JOE BIDEN Y DIVIDIR Y CONQUISTAR?

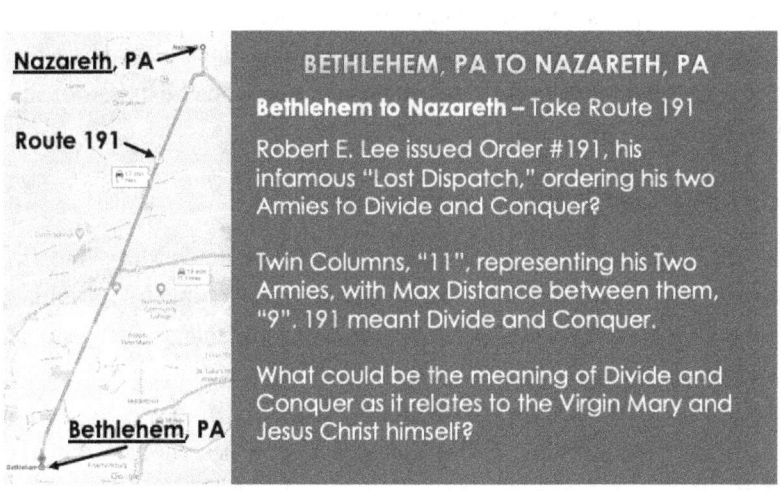

Figura 10.4 Joe Biden y Dividir y Conquistar

La Conexión Final: La Ruta 191 y la Estrategia de Dividir y Conquistar

El Ocultismo utiliza los términos "El Cumplimiento" y "La Finalización" para describir el número 9, que obviamente es el mayor carácter singular. El número 191 simboliza la distancia máxima ("9") entre dos ejércitos, representada por Columnas Gemelas ("11"). La importancia de esta secuencia se remonta a la Orden Extraviada 191—una pieza crítica de inteligencia durante la Batalla de Antietam en la Guerra Civil estadounidense. Las órdenes, escritas por el General Confederado Robert E. Lee, detallaban un plan para dividir y conquistar. Después de perderse en tránsito y luego ser encontradas por soldados de la Unión en Frederick, Maryland, el 13 de septiembre de 1862, el descubrimiento de los planes del Sur se convirtió en un punto de inflexión en la guerra.

Entonces, ¿aseguró una sociedad secreta que la orden se "perdiera"? El hecho es que las sociedades secretas han estado operando en los Estados Unidos durante mucho más tiempo de lo que la mayoría de las personas cree. La evidencia apunta a una conexión clara entre el sacrificio de Mary Jo Kopechne y un plan deliberado para profanar a la Sagrada Madre de Jesucristo y al propio Jesucristo. Esta agenda de larga duración se cruza con la línea de vida de Joe Biden, la fundación de ciudades en Pensilvania y mucho más, creando una narrativa inquietante.

Un Plan para Dividir y Conquistar América

El Capítulo 1, "La Unidad Nacional en el Punto de Mira," mostró cómo *The Camelot Murders* intentaron romper la unidad estadounidense mediante el miedo y la confusión. No se trató solo de asesinatos políticos; fue un ataque a los valores fundamentales de América. Lo impactante es que incluso el cristianismo pareció ser un objetivo, simbolizado por lo que solo puede describirse como la "Crucifixión de Mary Jo" en los albores de la era espacial.

Este libro se publicó después del segundo intento fallido de asesinato contra el presidente Donald J. Trump. Es crucial que no se produzcan más intentos. Necesitamos nombrar fiscales especiales.

Sin un plazo de prescripción para el asesinato, todavía hay una oportunidad de llevar a los responsables de *The Camelot Murders* ante la justicia. Se debe buscar justicia tanto para las víctimas como para la sanación de la nación.

Llevemos a estos criminales a la luz, asegurándonos de que la verdad se conozca y se haga justicia.

Construido sobre los Huesos de Camelot

Durante mucho tiempo, Ted Kennedy ha sido presentado como el conductor en el trágico incidente de Chappaquiddick, pero revelaciones recientes sugieren que su papel podría haber sido parte de un esquema más amplio, uno en el que un agente encubierto fue el verdadero conductor esa noche. Esta nueva perspectiva presenta a Ted no solo como una figura pública atrapada en un escándalo, sino como un participante en una conspiración mortal. El trágico resultado fue la muerte de Mary Jo Kopechne, y durante décadas, la participación de Kennedy ha estado cubierta por una narrativa que ocultaba sus verdaderas intenciones.

¿Fue elegido Ted Kennedy para este papel por su apellido? El legado de los Kennedy tiene un peso enorme en la política estadounidense, y colocar a Ted en el centro de este incidente podría haber sido un movimiento deliberado para manipular el sentimiento público. ¿Fue este el primer paso en la reconstrucción del Partido Demócrata mientras se mantenía a los leales a los Kennedy de su lado? La participación de Ted Kennedy plantea preguntas escalofriantes sobre si el partido se reconstruyó sobre los mismos huesos de Camelot: sobre los huesos de sus hermanos, John F. Kennedy y Robert F. Kennedy, e incluso de su sobrino, John F. Kennedy Jr.

A través de las páginas de The Camelot Murders – Y LA CRUCIFIXIÓN DE MARY JO, hemos explorado cómo la unidad nacional ha sido colocada en el punto de mira por fuerzas oscuras decididas a dividir y debilitar al país. Desde asesinatos hasta crisis orquestadas, la verdadera narrativa de la historia estadounidense ha sido distorsionada, oculta bajo capas de engaño. Mi búsqueda incansable de la verdad no se trata solo de descubrir el pasado, sino de recuperar el futuro.

Debemos entender que el "Estado Profundo", atrincherado en el poder, no solo ha manipulado eventos, sino que también ha mostrado disposición a sacrificar vidas para mantener el control. Mi trabajo está dedicado a garantizar que estas fuerzas sean castigadas constitucionalmente y eliminadas permanentemente, para que ya no puedan controlar el destino de nuestra nación.

Este libro no es el final: es un punto de partida. Espero que *The Camelot Murders* inicie una conversación más amplia con el pueblo estadounidense, arrojando luz sobre las verdades ocultas que han estado enterradas durante mucho tiempo. Como el rastro de sangre que me llevó desde los ataques del 11 de septiembre hasta la guerra climática y más allá, los patrones de traición son vastos, pero no son invencibles. Juntos, podemos romper el guion que han escrito para nosotros y restaurar la verdadera justicia, unidad y libertad.

- Robert J. Antonellis

Cifra de Muertes de *The Camelot Murders*: 15

08/04/1962 - Marilyn Monroe (nacida Norma Jeane Mortenson)
11/22/1963 - John F. Kennedy, Sr.
04/04/1968 - Reverendo Martin Luther King, Jr.
06/05/1968 - Robert F. Kennedy, Sr.
06/25/1969 - Joan Marie "Joanie" Dymond
07/18/1969 - Mary Jo Kopechne
08/08/1969 - Invasión Domiciliaria de la Familia de Charles Manson, que condujo a los siguientes 6 asesinatos:
Abigail Folger, Wojciech Frykowski, Steven Parent, Jay Sebring, Sharon Tate, Paul Richard Polanski (no nacido)

08/10/1969 - Rosemary LaBianca, Leno LaBianca
07/16/1999 - John F. Kennedy, Jr.
Abramos nuevas investigaciones para todos ellos. No hay plazo de prescripción para el asesinato.

THE END